L'ALGÉRIE JUIVE

MÊME LIBRAIRIE
Collection in-18 jésus à 3 fr. 50
Envoi franco au reçu de timbres ou mandat-poste.

DU MÊME AUTEUR
EN PRÉPARATION

Les Juifs en Algérie (les hommes et les personnalités)..........	1 vol.
A toi, roman................	1 vol.

J. H. ROSNY

Le Bilatéral, mœurs révolutionnaires parisiennes, 2ᵉ édition................	1 vol.
Nell Horn, mœurs londoniennes, 2ᵉ édition......	1 vol.

ELEMIR BOURGES

Le Crépuscule des Dieux, nouvelle édition........	1 vol.

HENRI CONTI

L'Allemagne intime, 4ᵐᵉ édition..................	1 vol.

LÉON TIKHOMIROV

Conspirateurs et Policiers (Souvenirs d'un proscrit russe), 2ᵐᵉ édition..................	1 vol.

COMTE LÉON TOLSTOI

Dernières Nouvelles, 4ᵐᵉ édition, contenant *Polikouchka*............	1 vol.
Que faire? 3ᵐᵉ édition................	1 vol.
Ma Confession, 3ᵐᵉ édition............	1 vol.
La Puissance des Ténèbres, drame.........	1 vol.

IMPRIMERIE ÉMILE COLIN, A SAINT-GERMAIN

GEORGES MEYNIÉ

L'ALGÉRIE JUIVE

PARIS
NOUVELLE LIBRAIRIE PARISIENNE
ALBERT SAVINE, ÉDITEUR
18, RUE DROUOT, 18

1887

Tous droits réservés.

A EDOUARD DRUMONT

ET

A JACQUES DE BIEZ

Messieurs et chers confrères,

J'arrive en retardataire, mais j'arrive les armes à la main.

Lorsque vous avez sonné le tocsin, je suis accouru à votre appel.

Vous avez pris vos positions, je marcherai en éclaireur.

Tous les Français formeront le contingent de notre armée : vous serez de droit les généraux, mais vous m'accorderez l'insigne honneur d'être votre porte-drapeau!

Vous avez démasqué l'ennemi; je vous aiderai à le traquer.

En attendant le jour de la victoire, recevez les hommages confraternels de votre jeune compagnon d'armes.

GEORGES MEYNIÉ

PRÉFACE

Encore un nouveau livre *contre* les Juifs, dira-t-on dans quelques jours, en lisant ce titre : l'*Algérie juive!* — On ne se trompera pas, car un Français indépendant ne saurait parler des *sémites*, sans parler contre eux !

En présence de la marche ascensionnelle et dangereuse des Juifs, certains écrivains ont publié quelques ouvrages dont le but était de mettre le public en garde contre l'envahissement de nos ennemis. La plupart de leurs écrits n'étaient souvent que des traités d'histoire ancienne, qui, n'intéressant pas le lecteur, ne pouvaient atteindre le but proposé.

Le public veut avant tout des *faits* assez rapprochés pour pouvoir en contrôler l'authenticité. Il n'attache d'importance à un ouvrage qu'autant qu'il comprend sans peine ce qu'il lit, et il est heureux de pouvoir dire en terminant : « Comme c'est bien la vérité tout ce que cet homme a écrit! »

Ce livre, à la portée de tous, était attendu ; personne n'avait été avisé, et on était convaincu qu'il allait être livré à la publicité. On ignorait quel en serait l'auteur ; on ne pouvait prévoir comment il prendrait un peu des idées de chacun ; mais on savait que le livre paraîtrait, parce qu'il devait paraître.

La publication de la *France juive* ne

fut donc une surprise pour aucun Français.

Le nom de M. Edouard Drumont, presque inconnu la veille de la plupart de ses lecteurs, venait d'acquérir une notoriété bien méritée.

La *France juive* a nécessité un travail de plusieurs années, et l'auteur a fait preuve d'une activité et d'une constance extraordinaires pour réunir tous les documents qui lui ont permis de montrer au public le Juif tel qu'il est réellement. Dès les premières lignes, on se trouve naturellement entraîné vers l'auteur ; on comprend que ce n'est pas l'œuvre d'un vulgaire écrivain qui a essayé de faire de cette importante question juive une question d'intérêt, mais bien le travail d'un Français qui vient démasquer l'ennemi de la France.

M. Ed. Drumont n'expose pas une

théorie, il raconte des faits patents. Il donne les noms des rois de la finance et fait connaître les procédés employés par chacun de ses personnages pour arriver à la *Puissance* qui a toujours été l'objectif du Juif.

L'auteur nous montre comment les descendants d'Israël, après s'être implantés chez nous, se sont mis, grâce à notre confiance et à notre naïveté, à la tête de nos destinées ! Il nous prouve, enfin, d'une façon indéniable, que le Gouvernement français est entre leurs mains, et qu'ils en sont arrivés à un tel point qu'aucun de nos représentants n'ose protester contre leur puissance oppressive et dégradante pour nous.

Fait dans de semblables conditions, le succès de la *France juive* était assuré. M. Drumont avait *couché* sur le papier les idées et presque les impressions de chacun, et chacun désirait lire ce qu'il pensait.

Le coup porté par la *France juive* a été terrible pour les Juifs et nous ne craignons pas de dire que c'est là le commencement de la fin.

A côté de M. Drumont, un jeune écrivain de talent est fièrement entré dans l'arène. M. Jacques de Biez a fait un remarquable ouvrage, la *Question juive*, où (pour répéter la phrase de M. Drumont) de grandioses images font valoir des maximes vigoureusement frappées.

Tout récemment encore, un écrivain polonais, M. Kalixt de Wolski, a publié la *Russie juive*. C'est un travail vraiment intéressant, où la *théorie* du Juif est longuement exposée. L'auteur détaille nettement le ressort qui fait mouvoir la machine juive.

Aujourd'hui le mouvement est donné,

et ceux qui auront conservé leur indépendance travailleront au *renversement* des Juifs, parce qu'ils comprendront que c'est là une question primordiale.

Le Français qui, grâce à M. Ed. Drumont, est initié aux manœuvres des Juifs de France, doit être désireux de connaître la conduite de leurs coreligionnaires de cette seconde France qu'on appelle *Algérie* : c'est le but que nous nous proposons en publiant l'*Algérie juive*.

Pour mieux étudier le Juif d'Algérie, nous avons voulu savoir ce qu'il était avant la conquête et nous avons, à cet égard, pris tous les renseignements nécessaires chez les vieux chefs arabes. Nous avons été parfois tellement surpris de certains détails que nous n'avons pas cru devoir les livrer à la publicité sans les contrôler.

Dans l'*Algérie juive*, nous prenons le

Juif indigène, presque à l'état sauvage, venant ramper devant l'Arabe qu'il ne peut exploiter. Nous le suivons pas à pas jusqu'à nos jours, en essayant de montrer comment il laisse percer peu à peu tous ses défauts dès qu'ils ne sont plus refoulés chez lui par la force brutale.

Après la lecture de cet ouvrage, on relira avec plaisir la *France juive*, parce qu'en confrontant nos deux types, on comprendra que le progrès pour les descendants d'Israël consiste dans le développement de tous les vices innés chez eux.

La conquête de l'Algérie remonte déjà à plus d'un demi-siècle, et cependant cette riche colonie, malgré sa proximité de la Métropole, est encore inconnue de la majeure partie des Français.

Plusieurs écrivains de talent ont beaucoup parlé de l'Algérie; malheureusement, leurs récits, sinon erronés, du moins fort incomplets, n'ont laissé dans l'esprit de leurs lecteurs qu'une idée bien vague des mœurs des habitants, de la situation de nos colons et enfin de ce que peut rapporter à la France l'exploitation de ce sol fertile. Au lieu de parler de ce qui est, ils se sont surtout étendus sur ce qui devrait être.

Il ne suffit pas, pour connaître l'Algérie, de la parcourir en touriste, de séjourner dans les grands centres et de visiter certains paysages pittoresques et accidentés, tels que les gorges de Palestro, de la Chiffa et du Chabet, les cascades de Sidi M'sid, etc., il faut encore pénétrer dans l'intérieur, visiter les douars et vivre un peu de la vie de nos indigènes pour étudier leurs mœurs. Il importe également de voir ces petits villages créés par nos colons, tant sur le littoral de la

Méditerranée que dans l'intérieur et principalement dans le sud de notre colonie, où l'on ne trouve encore aucune voie de communication, pour se rendre compte de la situation faite à ceux-ci par le mode actuel de colonisation.

C'est une étude longue et laborieuse, dont on reconnaîtra l'importance, en considérant combien sont nombreux les remèdes à apporter tant dans l'organisation que dans l'exploitation. On sera étonné alors de voir ce que l'Algérie a coûté et coûte encore annuellement à la France, en songeant à ce qu'elle devrait nous rapporter.

De son naturel, le Français est assez sédentaire; il ne s'expatrie que difficilement et lorsqu'il a l'espoir de trouver ailleurs l'aisance par le travail et l'économie. Toutefois, outre ces vieux soldats, qui, après avoir fait les campagnes d'Algérie, ont demandé et obtenu quelques terres à cultiver, un grand nombre de cultivateurs, attirés soit par la proximité de notre nouvelle colonie, soit par la promesse d'une concession, sont allés se fixer en Algérie, avec la conviction que le gouvernement les mettrait en mesure de défricher fructueusement ces terres neuves.

Leurs illusions ont été de courte durée. Ils ont compris un peu tard que, par suite de la défectuosité de notre système de colonisation, le fruit de leur travail passait forcément en des mains étrangères, disons tout de suite aux *mains des Juifs*. La plupart de ces colons, après avoir épuisé leurs économies, et arrosé ces terres de leurs sueurs, sont revenus en France, dénués de toutes ressources.

Dans le cours de cet ouvrage, nous consacrerons un chapitre spécial à la colonisation. Après en avoir fait l'historique, nous indiquerons quel est, à notre avis, à côté du mal, le seul remède.

En Algérie, comme en France, nous nous laissons *exploiter par les Juifs*, avec cette différence toutefois que là-bas nous nous trouvons en présence d'individus à l'état primitif, qui, bien qu'*usuriers, lâches et hypocrites* par instinct, n'ont pas encore la ruse de leurs coreligionnaires de France. Il nous sera par suite beaucoup plus facile de les montrer tels qu'ils sont, de faire connaître leurs manœuvres, et enfin de parler de leurs rapports avec les *Juifs de la Métropole*.

Dans ce premier ouvrage, nous nous placerons à un point de vue général et abandonnerons complètement la question de personnes, nous réservant de publier prochainement un nouveau livre sur l'Algérie, où nous indiquerons le rôle joué par chaque Juif pour exploiter notre colonie africaine au détriment de nos colons et des Arabes.

Nous allons donc parler à la fois du Français, de l'Arabe et du *Juif*, et nous nous étendrons principalement sur le rôle joué par ce dernier.

Il est indispensable, pour bien comprendre le rôle du *Juif* en Algérie, de connaître un peu les mœurs des *Arabes*, et nous allons les raconter succinctement dans le courant du premier chapitre. Quant aux *mœurs* des Juifs, nous nous bornerons à dire qu'elles changent suivant les pays où ils se trouvent. Ce qui les *suit* partout, c'est le *parasitisme*, *l'égoïsme*, la *lâcheté* et *l'hypocrisie*.

L'ALGÉRIE JUIVE

CHAPITRE I

L'ARABE ET LE JUIF AVANT LA CONQUÊTE.

Avant la conquête de l'Algérie, ce pays était habité par les Arabes et les Juifs. Les premiers, anciens Maures, avaient été autrefois un des peuples les plus civilisés du monde; ce n'est qu'après avoir été chassés d'Espagne qu'ils s'étaient réfugiés dans le nord de l'Afrique. Leurs mœurs changèrent alors brusquement; ils devinrent sédentaires et paresseux et vécurent dans la plus complète ignorance. Lors de leur invasion, leur nouveau territoire n'était habité que par les Juifs, qui n'avaient pas encore su se faufiler dans les divers États civilisés de l'Europe. La lâcheté naturelle du Juif le plaça bien vite sous la domination des nouveaux arrivants qui le considérèrent moins qu'un esclave, puisqu'il était pour eux une chose de nulle valeur.

Bien que partisans de la liberté, les Arabes se pliaient volontiers sous le joug de leurs chefs arabes. Ils étaient sous le pouvoir du dey d'Alger.

Au point de vue administratif, le territoire était divisé en bach-aghaiats, aghaiats, caïdats et cheickats, à la tête desquels étaient les bach-aghas, aghas, caïds et cheicks (1). La justice

---

(1) Les bach-aghaiats et les aghaiats ont été supprimés peu de temps après la conquête de l'Algérie. On a conservé les caïdats jusqu'à ce que l'autorité civile ait remplacé l'autorité militaire : quelques-uns ont toutefois été maintenus dans les rares territoires militaires qui existent encore en Algérie.

Quant aux cheickats, ils ont au contraire été augmentés lors de la suppression des caïdats. Les cheicks sont les auxiliaires de nos fonctionnaires. Lorsqu'un délit ou un crime est commis sur leur territoire, ils doivent immédiatement adresser un rapport écrit au magistrat français. Ils dépendent des administrateurs qui sont, en quelque sorte, leurs chefs hiérarchiques.

était rendue par les cadis, qui avaient comme auxiliaires les bach-adels et les adels (1).

Chaque Arabe avait droit de vie et de mort sur le Juif, sans avoir aucun compte à rendre à ses chefs hiérarchiques. Le Juif n'appartenait pas exclusivement à une personne déterminée, il était la chose de tous et devait par suite se plier aux ordres de chacun. Lorsqu'un Juif

---

(1) Ces magistrats indigènes ont été maintenus. Ils sont sous la dépendance directe du juge de paix dans les cantons et du parquet dans les arrondissements. Leur pouvoir varie suivant qu'ils se trouvent dans un canton où le juge de paix est ou non chargé de juger les affaires civiles entre musulmans.

Si le magistrat français ne juge que les affaires civiles entre Européens, entre Juifs, ou entre Européens ou Juifs et musulmans, le cadi est seul chargé des affaires musulmanes. Toutefois, le juge de paix tient chaque semaine une audience appelée *chicaya*, où doivent assister tous les cadis du canton ; les plaideurs qui ont eu à se plaindre du cadi soumettent leurs réclamations au magistrat français, qui, après avoir entendu les observations du juge arabe, dicte à ce dernier ce qu'il devra faire.

Lorsque le juge de paix est chargé des affaires civiles entre musulmans, le cadi n'est en quelque sorte que son assesseur.

Toutes les affaires criminelles dépendent de la juridiction française.

rencontrait un Arabe, il se prosternait humblement devant son redoutable maître.

Les femmes juives étaient à la merci des Arabes, qui, à leur gré, allaient les trouver dans leurs gourbis ou leur ordonnaient de se rendre chez eux, sans redouter la moindre objection de la part des parents. C'était même un honneur pour une femme ou une fille juive d'avoir été violée par un Arabe.

Nos lecteurs qui ne connaissent le Juif que superficiellement seront étonnés de ces détails précis et se demanderont pourquoi le Juif ne se révoltait pas et n'essayait pas de reprendre sa suprématie ? Nous nous bornerons à répondre que le Juif ne luttera jamais ouvertement, qu'il préférera toujours ramper et se plier aux dernières humiliations plutôt que de se révolter; nous ajouterons qu'il est aujourd'hui ce qu'il a toujours été, qu'il ne changera jamais de caractère, et qu'il ne feint la hardiesse que lorsqu'il se sent soutenu.

Ne pouvant exercer son commerce usuraire en présence d'un maître sauvage et despote, nous dirons à quelles bassesses se livrait le

Juif pour se procurer de l'argent. Pour cela il est utile de connaître les mœurs des Arabes et nous allons en faire un exposé sommaire.

Mœurs des Arabes. — *De l'habitation.* — Les Arabes habitaient sous des tentes ou dans des gourbis. Pour construire une tente, on traçait une simili-circonférence, on entassait autour et pêle-mêle les pierres ou cailloux qui se trouvaient à portée, et à l'aide de piquets, dont l'un central avait 2 mètres de hauteur, on recouvrait d'une toile. Comme meubles, on ne trouvait que des tapis, des écuelles en bois, quelques poêlons ou casseroles pour faire cuire le pain et préparer le couscous, et enfin une cafetière et des peaux de chèvres pour mettre l'eau.

Le gourbis était construit en pierres ni taillées ni alignées, d'une hauteur de 1m50 à 2 mètres.

Les Arabes qui habitaient les tentes, transportaient leur campement d'un lieu dans un autre, suivant les saisons.

De la famille. — La famille se composait

du père, de ses femmes et de ses enfants (1). Le père, en sa qualité de chef absolu, avait droit de vie et de mort sur les membres de sa famille, qui tous avaient pour lui le plus profond respect.

Le chef prenait ses repas seul, et rien ne devait être servi à ses femmes ou à ses enfants, qui ne fût déjà passé devant lui. Les femmes ne sortaient que rarement et toujours accompagnées du mari. C'est à elles qu'incombait le travail; elles fabriquaient les tapis, ainsi que les étoffes pour burnous; outre les soins du ménage, elles étaient chargées des travaux des champs. Les plus lourdes charges revenaient à la plus ancienne, la dernière arrivée étant toujours la préférée du mari.

De la nourriture. — L'Arabe était et est encore aujourd'hui très sobre. Ne se livrant à aucun travail, une faible nourriture suffisait à

---

(1) D'après le Coran, la femme est la propriété de l'Arabe, comme son champ; il peut en disposer et par suite a sur elle droit de vie et de mort. — Elle est encore sa propriété aujourd'hui, mais il ne peut plus attenter à ses jours.

maintenir l'équilibre dans ses fonctions animales. Son mets favori est le couscous. Il se nourrit également de mouton, de chèvre, d'œufs, de lait, de pain et de gâteaux fabriqués par ses femmes, et enfin de fruits. Autrefois les Arabes ne prenaient aucune liqueur alcoolique et le sirop était leur liqueur favorite.

Le pain arabe est plat : il ressemble un peu à notre galette limousine ; il est fait sans sel et sans levain.

Le couscous se prépare soit au beurre, soit avec du mouton ; au moment de servir, on l'assaisonne d'une sauce très piquante qui lui donne une saveur agréable.

Pour les fêtes de famille, il est d'usage de faire cuire un mouton dans son entier. Pour cela, après l'avoir dépouillé, on l'enduit d'une forte couche de beurre, on l'embroche dans un long morceau de bois et on l'étale devant un grand feu allumé en plein air ; deux Arabes placés à chaque extrémité de la broche improvisée sont chargés des fonctions de tournebroche.

Du mariage. — Le mariage n'est pas,

comme chez les peuples civilisés, l'union légale de deux personnes de sexe différent, mais bien une vente conclue entre le père de la mariée et le futur mari ou son père. Il arrive fréquemment que les deux époux ne se sont encore jamais vus le jour même du mariage.

Voici comment on procède : Le futur ou son père va trouver le père de la mariée, et lui dit : « Veux-tu me vendre ta fille pour être ma femme ou celle de mon fils », le père répond affirmativement et on détermine le prix qui est généralement le même pour tout un douar (150 ou 200 francs). Lorsqu'on est d'accord, on fixe le jour du mariage.

Le futur envoie à sa fiancée les cadeaux suivants : l'étoffe nécessaire pour une robe, deux moutons, dont un pour être mangé le jour des noces, de la farine pour faire du couscous, des gâteaux et des fruits. De part et d'autre, on invite les parents et on convie des musiciens qui doivent exécuter le fameux tam-tam.

Le jour fixé, le futur et son père se rendent avec leurs invités chez le père de la fiancée, et là, en présence du cadi et de quatre témoins (autrefois la présence du cadi était indispensable, aujourd'hui on se contente de quatre témoins), il dit : « Je te compte la somme convenue pour acheter ta fille qui de ce jour sera ma femme ». Le père répond : « Voici ma fille, fais-en ta femme. » Aussitôt cette formalité accomplie, époux et invités se couchent sur le tapis autour des mets qui ont été servis en l'honneur du mariage.

Dès que le repas est terminé, les musiciens commencent leur tam-tam, accompagnés par le chant plus ou moins mélodieux de tous les assistants ; ce n'est bientôt qu'un brouhaha indescriptible, car déjà une partie des convives a commencé la danse.

Pendant ce temps, les époux se sont retirés, et l'on attend impatiemment leur retour, car si la jeune fille n'avait pas encore été mariée, l'époux doit rapporter les preuves de la virginité de sa femme, et le chiffon doit être placé en étendard au-dessus de la tente du père. Si la jeune fille n'est pas vierge, deux camps se forment immédiatement, et une vive discus-

1.

sion s'élève qui dégénère toujours en rixe sanglante. Si, au contraire, la jeune fille n'a pas été souillée, et il en est généralement ainsi, la fête continue et se prolonge pendant deux jours, après lesquels l'époux ramène sa femme chez lui ou chez se père.

Il n'y a pas d'âge limité pour le mariage, les Arabes n'ayant du reste aucun état civil. En général on attend l'âge de puberté.

Le Coran autorisant la polygamie, un Arabe peut avoir quatre femmes légitimes ; le nombre des concubines n'est pas limité.

Lorsqu'un mari ne veut plus d'une de ses femmes, il la ramène chez son père, s'il existe encore, et lui dit : « Je te rends ta fille, rends-moi l'argent que je t'ai donné. » Le père est obligé de s'exécuter. On rend l'argent !

De la religion. — L'Arabe est très fanatique. Sa religion est le mahométisme dont les principaux dogmes, consignés dans le Coran, sont l'unité de Dieu, l'immortalité de l'âme, un paradis avec toutes les jouissances sensuelles, la prédestination et le fatalisme. Leurs temples, qui sont encore très répandus, portent le nom de mosquées (1). Le marabout, religieux musulman, est très vénéré par les mahométans qui le considèrent comme un envoyé de Mahomet pour les diriger.

L'Arabe ne redoute pas la mort, et rien ne saurait le détourner de ses devoirs religieux.

Dans l'intérieur de l'Algérie, on rencontre à chaque pas des Arabes faisant leurs prières, soit sur le bord des chemins, soit au milieu des montagnes ; à ce moment, ils se laisseraient frapper, tuer même, plutôt que de cesser leur invocation.

Les Arabes sont convaincus qu'après leur mort Mahomet viendra les prendre par les cheveux pour les emporter dans son paradis ;

---

(1) Dans les grandes villes, les mosquées sont de véritables monuments bien curieux à visiter; celle d'Alger surtout est très belle. Mais à côté de ces mosquées qu'ont pu voir la plupart de nos lecteurs qui connaissent l'Algérie, on en rencontre plusieurs dans l'intérieur de notre colonie qui, construites par des Arabes qui n'avaient pas les moindres notions de maçonnerie, ne peuvent rien avoir d'architectural. Ce sont généralement de petites tours blanches, qui, placées sur des points assez élevés, semblent apporter une faible variation dans la monotonie des douars arabes.

c'est pour ce motif du reste qu'ils laissent pousser une longue mèche de cheveux au milieu de leur tête pour faciliter la tâche du Prophète.

Leur carême, qui porte le nom de *Ramadan*, tombe le neuvième mois de l'année turque (les mois des Turcs étant lunaires, le ramadan revient chaque année dix jours plus tôt que l'année précédente). Pendant toute sa durée, les musulmans gardent l'abstinence la plus complète, depuis le lever jusqu'au coucher du soleil. Le jeûne était autrefois d'obligation si stricte pour eux, qu'il en coûtait la vie à celui qui osait le rompre.

Les Arabes doivent être pieds nus pour pénétrer dans la mosquée. Les femmes n'y sont jamais admises ; elles sont même exclues de tous les exercices religieux.

Des mœurs et des habitudes. — L'Arabe est très paresseux de sa nature. Son plus grand plaisir est de s'étendre nonchalamment au soleil pendant les plus fortes chaleurs. Malgré tout ce qu'ont fait les Français pour lui faire comprendre qu'il trouverait par le travail l'aisance et le bien-être, il préfère se contenter de peu et ne pas travailler. L'Arabe est d'une constitution fort robuste ; il supporte facilement le grand froid et les chaleurs torrides. On le voit fréquemment pendant l'hiver traverser pieds nus les montagnes couvertes de neiges, n'ayant comme vêtement qu'une légère gandoura (chemise arabe), et quelques lambeaux de burnous.

Notre indigène algérien est leste et adroit ; il est excellent tireur et très vaillant soldat lorsqu'il est incorporé. Il peut faire de très longues marches, en ne prenant qu'une faible nourriture.

La femme arabe. — La femme est bien peu de chose pour l'Arabe ; elle n'a de valeur qu'autant qu'elle est jolie et travailleuse. Pour le père, les filles sont des choses de rapport qui lui donneront plus ou moins suivant les habitudes du douar ; pour le mari, la femme est un être qui doit lui donner les jouissances sensuelles et le faire vivre par son travail. Dans tous les assassinats (et ils sont nombreux) commis par l'indigène, il faut avant tout chercher la femme. L'Arabe n'hésitera jamais à tuer celui qui aura obtenu les faveurs d'une de ses femmes. Il ne faut cependant pas conclure de là que l'Arabe est jaloux et qu'il aime sa femme, ce serait une grave erreur. Il la considère comme sa propriété, parce qu'il l'a payée, et il veut par suite en retirer tous les avantages, parmi lesquels est la possession charnelle.

D'après lui, si quelqu'un touche à une de ses femmes, il lui enlève quelque chose qui est son bien propre, en un mot il retire une jouissance à laquelle il n'avait aucun droit. Quand une femme meurt, son mari ne la regrette pas, il se considère seulement comme ayant perdu une partie de son capital (1).

Le Kabyle. — Bien que n'ayant pas l'in-

---

(1) La femme arabe est généralement jolie, mais elle est affublée de chiffons sales qui font un contraste frappant avec sa beauté. — Elle est tatouée à la figure et aux mains et se jaunit les ongles avec du *henné*. Cette espèce de teinture exhale une odeur fort désagréable pour les Européens.

Lorsqu'un Arabe meurt, ses femmes, ses filles et ses autres parentes s'égratignent la figure et se noircissent les plaies avec du charbon.

tention de parler des différentes sortes d'Arabes dans ce résumé fort succinct, nous jugeons cependant nécessaire de dire quelques mots du Kabyle.

Cet habitant des côtes de l'Algérie est plus civilisé que l'Arabe proprement dit. Il est travailleur et ingénieux; c'est par lui en effet que sont fabriqués ces tapis, ces plateaux, ces colliers et ces mille curiosités qui nous viennent tous les jours de notre colonie.

Le Kabyle n'a généralement qu'une ou deux femmes, et bien que les considérant comme inférieures à lui, il les place cependant au-dessus des femmes arabes.

Le Kabyle a quelque chose de l'Européen, et principalement du Français. Nos soldats, appelés à séjourner longtemps sur les côtes d'Afrique, en étaient réduits à ne pas dédaigner les femmes arabes, malgré leur piteux accoutrement et leur saleté repoussante.

Ce léger aperçu des mœurs arabes nous permettra d'expliquer plus facilement la manière de faire du Juif pour exercer sa honteuse industrie. Connaissant les défauts et les faiblesses de l'Arabe, le Juif cherchait hypocritement à servir les passions de son maître. C'est en rampant qu'il venait avertir un mari qu'une de ses femmes avait été violée ; pour prix de sa lâcheté, il recevait une faible rémunération, accompagnée souvent de quelques coups de matraque. D'autres fois, il aidait un amant à arriver jusqu'à la femme désirée. Toujours errant et rampant, il connaissait les riches et savait où était placé l'argent ; n'ayant pas le courage de voler, malgré son intention, il avertissait ceux de ses maîtres qui étaient disposés à agir et il recevait encore une récompense. Malheureusement son triste métier était bientôt connu, et pour échapper à un châtiment mérité, il était obligé d'errer de douar en douar et de caïdats en caïdats.

Pour nous résumer, le Juif qui s'était réfugié dans les territoires inhabités s'était placé volontairement sous la domination des Arabes, lors de leur invasion dans le nord de l'Afrique. Malgré les humiliations qu'on lui infligeait, il n'a jamais cherché à se révolter, préférant ramper devant celui qui le frappait. Ne sachant où se diriger, il ne pouvait quitter ce pays devenu inhospitalier, convaincu que, comme race maudite, il serait chassé de partout. Seul, il est du reste incapable de lutter contre le plus faible ennemi.

Il cherchait déjà à rentrer en Europe, mais il savait qu'aucun peuple n'était disposé à lui servir d'égide.

CHAPITRE II

PENDANT ET APRÈS LA CONQUÊTE

Le Juif apprit avec joie la décision de la France après l'insulte faite à notre représentant par le dey d'Alger. Craignant à la moindre manifestation d'être exterminé, il devint encore plus humble et plus rampant auprès de son maître. Il comprenait que si la France s'emparait de l'Algérie, une ère de liberté relative allait commencer pour lui, car en Europe, aucun peuple déjà ne faisait plus fi de la vie d'un homme.

Malgré les avantages qu'ils savaient en retirer, les Juifs restèrent pendant toute l'expédition dans la plus complète neutralité, trop lâches pour prendre parti pour les uns ou les autres ; bien plus, malgré leur désir de nous voir réussir, ils nous insultaient auprès de leurs maîtres, se réservant de changer d'attitude, dès qu'ils pourraient se couvrir de notre bouclier.

La campagne fut longue et périlleuse, et nous ne parvînmes à la conquête que grâce à la supériorité de nos armes et à la discipline de nos troupes.

Nous ne pouvions chasser de l'Algérie les Arabes vaincus, dont la plupart ne demandaient qu'à vivre dans la paresse et l'insouciance ; nous ne pouvions nous fier non plus aux promesses de ce peuple sauvage et courageux (les nombreuses insurrections qui se sont succédé jusqu'en 1871 nous montrent en effet qu'ils ne se pliaient que difficilement sous notre joug) ; il fallut alors déployer notre puissance pour les maintenir sous notre domination. On plaça un gouverneur militaire à Alger, et on créa dans toute l'étendue du territoire différents centres militaires, ayant chacun un bureau arabe, chargé de sévir contre les indigènes. On conserva pendant fort longtemps les anciennes divisions administratives et judiciaires des Arabes, dont les chefs étaient sous les ordres directs de nos officiers français.

Aujourd'hui, nous n'avons plus comme administrateurs que les cheicks, qui sont les auxiliaires des fonctionnaires français. Les cadis sont toujours chargés de rendre la justice entre musulmans; les délits et les crimes sont réprimés par nos tribunaux français.

Pendant fort longtemps, les Arabes et les Juifs furent indistinctement considérés par nous comme les indigènes de notre nouvelle colonie.

De nombreux villages furent bien vite créés par nos anciens soldats devenus concessionnaires des terres laissées incultes. On traça quelques chemins rejoignant entre eux les plus grands centres dans le but de faciliter le commerce et l'agriculture, mais on ne créa aucune voie de communication pour pénétrer dans le sud de l'Algérie.

Les Juifs n'étaient pas satisfaits de ce nouvel état de choses. Ils se trouvaient toujours dans les mêmes conditions vis-à-vis des Arabes et ne pouvaient se plaindre aux représentants français qui les traitaient en indigènes. Cette soumission leur était pénible auprès des vaincus, mais leur manque d'énergie les obligeait à la subir.

Dans les premières années, on les vit peu à peu se rapprocher des villages français, et se fixer même dans les grands centres. Quelques-uns quittèrent définitivement l'Algérie pour se fixer en Europe. Ils se répandirent peu à peu dans les différents États, en cachant leur origine, pour ne pas être chassés et vilipendés.

En Algérie, quelques-uns essaient de s'établir comme marchands, mais ils y parviennent difficilement, par suite du despotisme des Arabes qui les poursuivent partout. Ils tentent d'obtenir la protection de nos nationaux en se glissant près d'eux, en leur faisant des éloges menteurs. Ils abordent nos fonctionnaires et leur donnent à comprendre qu'ils sont prêts à leur servir d'espions. Ils feignent quelquefois la hardiesse pour attaquer secrètement les Arabes, mais ils n'acceptent jamais la confrontation. Avec l'Arabe, flatteur et ennemi du Français, avec nos nationaux, ami et détestant l'Arabe, tel a été le rôle du Juif en Algérie.

Il a cependant plus de liberté que sous la domination des Arabes, car, s'il a toujours à supporter leurs insultes et leurs coups, il ne craint plus d'être tué. Pour plus de sûreté, il n'habite plus les douars et se tient à proximité de nos centres militaires.

Il commence bientôt à acheter les produits des Arabes à vil prix et il les revend à nos fonctionnaires. Il est souvent frappé de part et d'autre, mais que lui importent les horions du moment où il peut tromper ceux qu'il flatte?

Nous voudrions ici dépeindre fidèlement l'indignation de nos vieux Français algériens lorsqu'ils nous racontent avec quelle voix mielleuse et hypocrite ces Juifs, qui supportaient sans se plaindre les plus dures humiliations, venaient leur offrir une marchandise qu'ils s'étaient procurée pour quelques deniers. Malgré l'horreur qu'ils nous inspiraient, ils se servaient de nous comme protecteurs pour exercer leur honteux commerce, et cela parce qu'au lieu d'imiter la barbarie des Arabes, nous avions la bonhomie de les supporter.

Malgré sa répugnance naturelle, le Français encourage d'une manière indirecte le commerce illicite du Juif. De prime abord, on se bornait à acheter chez lui les approvisionnements, dont il se trouvait à peu près seul détenteur ; mais il commença bientôt à tendre ses filets, en donnant à comprendre qu'il avait quelques économies à placer. Pour acquérir un peu d'influence, il chercha à se mettre sous l'égide de nos officiers, auxquels il livra sans vergogne sa femme et ses filles (1).

(1) Nos vieux officiers qui, dès les premiers temps de la conquête, ont été attachés aux bureaux arabes, doivent encore se rappeler la physionomie de ces vieux Juifs lorsqu'ils venaient humblement leur offrir leurs filles, en ayant toujours soin de demander un service.

Depuis les temps les plus reculés, nous avons constaté que les Juifs ont toujours prostitué leurs femmes et leurs filles pour se procurer le premier argent qui devait être la base de leur fortune et de leur future puissance.

Il a compris que c'était là un de nos côtés faibles, et c'est par là qu'il a cherché à nous attirer à lui.

Son seul but a toujours été d'extirper le plus d'argent possible et d'user de la force d'autrui pour acquérir une certaine puissance ; pour l'atteindre, il est prêt à employer tous les moyens.

Peu à peu, nous voyons ce vil esclave, sous le voile de l'hypocrisie, devenir plus fier auprès des Arabes. Il ne les attaque pas encore ouvertement, mais il cherche à se hausser à leur détriment, en les dépeignant à nos fonctionnaires comme des ennemis dangereux. Il ne sort plus de nos bureaux arabes où il porte continuellement des plaintes plus ou moins fondées contre ses premiers maîtres ; il excite la sévérité de nos magistrats militaires contre ces malheureux indigènes, qui, bien que sauvages, semblaient tout disposés à se plier sous le joug du plus fort. Ses plaintes sont rarement contrôlées, et souvent nous sommes contraints d'infliger des châtiments sévères et injustes. Est-il cependant possible de douter de la véracité de cet homme, qui, par un semblant d'affection, vous livre l'honneur de sa femme ou de sa fille?

Notre but n'est pas de laisser croire à nos lecteurs que l'Arabe était à l'abri de toute réprimande ; loin de nous une idée aussi fausse. Il est évident que cet indigène courageux ne pouvait que lentement se plier sous notre joug. Si la patience était nécessaire pour arriver à cette soumission, nous n'en étions pas moins obligés de sévir, cruellement même, contre ceux qui ne connaissaient que la force. A ceux-là nous devions faire comprendre que l'Algérie était devenue nôtre, par droit de conquête, et que si nous les tolérions chez nous et ne les exterminions pas, c'était à la seule condition qu'ils se rangeraient sous notre domination.

Malheureusement, à côté de ces châtiments nécessaires, combien d'autres, non moins sévères, ne servaient qu'à assouvir la vengeance du Juif? Ce triste sire ne ripostait jamais aux coups souvent mérités que lui portait l'Arabe, lorsqu'il venait en rampant lui acheter à vil prix une marchandise qu'il savait revendre fort cher, mais il portait contre son légitime agresseur une plainte mal fondée, qui lui valait une sévère application de la loi. La fréquente répétition de ces scènes ne pouvait passer inaperçue auprès de nos indigènes, qui étaient étonnés de la confiance que nous placions en ces Juifs, naturellement lâches et hypocrites. Ce fut du reste une des causes des fréquentes insurrections qui suivirent la conquête de l'Algérie.

Avec un peu de clairvoyance, nous aurions dû prévoir le but du Juif, qui était de nous contraindre à chasser l'Arabe de notre nouveau territoire; il aurait pu alors, abusant de notre bienveillance, se servir de notre force pour nous placer sous sa domination. Malheureusement, nous étions aveuglés par son hypocrisie et ses adulations; il semblait si disposé à soutenir volontairement nos intérêts que les plus sceptiques n'osaient émettre le moindre doute sur ses intentions.

Son imprévoyance aurait cependant dû le trahir. Il abusait déjà de la confiance qu'il croyait nous avoir inspirée pour nous exploiter et assouvir plus rapidement sa cupidité.

Il ne lui suffisait plus d'exercer un commerce illicite; il songeait déjà à la réalisation de son rêve « la puissance par l'argent »; il voulait accaparer la fortune d'autrui par des moyens détournés.

Nos malheureux colons ne tardèrent pas à avoir besoin de la bourse du Juif. La plupart en effet n'avaient pas les ressources nécessaires pour défricher les terres qui leur avaient été données; ils ne pouvaient faire face aux premières dépenses sans un emprunt et aucune banque n'aurait consenti à leur faire le moindre prêt (1). Dans de telles conditions, ils étaient continuellement à la recherche d'un bailleur de fonds et les capitalistes étant rares à cette époque dans notre colonie, ils devaient forcément aller vers le Juif. Il se faisait prier pour délier les cordons de sa bourse, et il ne versait les fonds qu'après avoir pris ses pré-

---

(1) De nos jours même, nos colons ne trouvent encore que fort difficilement à emprunter, et ils ne peuvent le faire que dans des conditions très onéreuses.

cautions en exigeant une inscription hypothécaire pour une somme bien supérieure à celle qu'il avançait (400 ou 500 pour 100 francs). Nos colons n'étaient pas les seuls à s'adresser à lui; officiers et autres fonctionnaires avaient aussi souvent recours à cet usurier. Auprès d'eux, il feignait la misère, et disait, en leur donnant argent ou marchandise, que c'était là tout ce qu'il possédait, le fruit de ses économies. Il se contentait alors d'un intérêt moindre, mais l'emprunteur retirait de la marchandise donnée en guise d'argent une somme bien inférieure à celle de son estimation dans le prêt.

En quelques années, les Juifs étaient parvenus à s'emparer d'une partie des traitements de nos officiers naïfs et débonnaires; ils récoltaient d'autre part le fruit des labeurs de nos colons. La fortune de l'Algérie se trouvait désormais trop minime pour satisfaire l'ambition cupide de cette nombreuse engeance, aussi quelques-uns viennent-ils s'établir en Europe où plusieurs de leurs coreligionnaires ont déjà extirpé une certaine fortune, qui, grâce à leurs duperies et à la confiance des divers peuples européens, devait aller chaque jour en augmentant d'une manière illégale!

Nous regrettons de ne pouvoir ici entrer dans certains détails et préciser les faits en désignant les individus; mais, ainsi que nous l'avons dit dans notre introduction, nous nous sommes placés à un point de vue général, et nous ne pouvons faire la moindre anticipation sur le nouvel ouvrage qui paraîtra dans le courant de l'année.

Dès le principe, nous avons été tellement dupes des Juifs, que nos fonctionnaires, qui avaient payé si cher les services rendus, semblaient cependant être leurs obligés; dans de telles conditions, ils ne pouvaient refuser à leurs anciens prêteurs de les accréditer dans la Métropole. Grâce aux recommandations qu'ils avaient arrachées, ils se posaient en héros en arrivant en France, et pouvaient par suite exercer sur une plus vaste échelle leur industrie illégale. Ils voyaient donc déjà se réaliser la première partie de leur programme, puisqu'ils avaient acquis en Algérie, grâce à

2.

l'argent volé, une influence telle qu'on devait se plier à leur volonté.

Les Juifs n'ont cependant pas l'intention d'abandonner ce premier champ de leurs exploits. Malgré leur crainte de la force brutale de l'Arabe, leur cupidité leur fait un devoir de veiller ardemment pour accaparer toutes les petites fortunes qui vont venir s'engloutir en Algérie. Après les colons soldats, des cultivateurs français, attirés par des promesses fallacieuses, viendront certainement porter sur ce nouveau sol le fruit de leurs économies, avec l'espoir de le voir augmenter grâce à un labeur assidu. Il est donc indispensable, pour atteindre le but commun, que cette race maudite se répande dans tous les pays sans jamais abandonner une position acquise. Si les Juifs sont parvenus, grâce à leur hypocrisie, à s'emparer de la majeure partie des richesses de ce pays, où ils n'étaient que de vils esclaves, ils doivent encore rester pour guetter de nouvelles proies.

Grâce à la puissance pécuniaire qu'ils possèdent, ils vont lutter secrètement pour obtenir le droit de cité. Leur but provisoire sera donc la naturalisation, et pour y arriver, ils contraindront à se plier devant eux ceux qui auront recours à leur bourse.

Les Juifs ne rec.. atent que la force, et ils savent que, grâce à la civilisation européenne, ils n'ont rien à craindre de ce côté. Par suite de la pénurie d'argent, ils pourront faire fructifier leurs capitaux d'une manière considérable. Ils exploiteront la misère d'une part, et en outre, lors des emprunts publics, ils deviendront les plus puissants actionnaires. Cette engeance, que quelques milliers de sauvages indigènes réduiraient à l'esclavage, va bientôt tenir sous sa domination une partie de l'Europe civilisée. Rien ne l'arrêtera dans sa marche ascensionnelle, et elle ne verra s'écrouler son fantastique échafaudage que lorsque tous nos aveuglés auront enfin compris ce qu'elle a été, ce qu'elle est et ce qu'elle restera. Il suffira à chaque peuple de lui faire comprendre qu'il veut être seul maître chez lui, pour que cette race maudite reprenne sa destinée première.

CHAPITRE III

ENROLEMENT VOLONTAIRE.

Malgré la soumission relative de nos indigènes algériens, nous étions contraints chaque année d'augmenter l'effectif de nos troupes dans notre nouvelle colonie. Nous devions en effet assurer la tranquillité à nos colons, qui, dans les premiers temps, étaient obligés de surveiller en soldats les terres qu'ils défrichaient si péniblement. Les Arabes ne se pliaient qu'autant qu'ils étaient sûrs que nous avions en Algérie les forces suffisantes pour réprimer sévèrement la moindre insurrection. Malgré leur infériorité militaire, ils ont espéré pendant longtemps reconquérir leur indépendance. Ils craignaient en effet que nous ne leur imposions nos mœurs, et ils voyaient d'autre part avec rage la protection que nous accordions à leurs anciens esclaves. Ils ne pouvaient admettre qu'un peuple, fort et puissant, puisqu'il les avait vaincus, se tînt à la merci du Juif lâche et hypocrite. Ils prévoyaient la triste situation qui leur serait faite, si, abusant de notre force, il arrivait par elle à dominer en Algérie. Ils espéraient toutefois que notre aveuglement n'aurait qu'une durée fort limitée.

Par suite de notre mode de recrutement militaire, et par l'obligation où nous nous trouvions d'envoyer continuellement des troupes en Algérie, notre effectif s'amoindrissait dans la métropole, et notre situation devenait fort critique en présence de voisins jaloux et provocateurs. Pour obvier à ce danger pressant, on songea à l'enrôlement volontaire de nos indigènes. Nous espérions que les Juifs, malgré leur lâcheté naturelle, n'hésiteraient pas à servir la France, en compensation de la protection qu'elle leur avait accordée. On s'adressa indistinctement aux Arabes et aux Juifs, et, pour les encourager, on offrit, outre une prime au moment de l'engagement, la naturalisation à ceux qui feraient leur devoir. C'était là une insigne faveur dont les uns et les autres connaissaient l'importance. Pour le Juif surtout, c'était momentanément le comble de ses vœux. Français, il n'aurait plus rien à craindre pour exercer ses exploits sur une vaste échelle.

Dès le premier appel, les Arabes se présentèrent en assez grand nombre pour qu'on pût former aussitôt plusieurs régiments spéciaux (tirailleurs et spahis). Il n'en fut pas de même de la race juive, dont aucun des membres ne daigna répondre à notre invitation. Son but n'était pas en effet de servir la France, mais d'être servie par elle. Les Juifs savaient qu'ils obtiendraient la naturalisation par l'argent, et si, d'une part, ils étaient trop lâches pour endosser le costume militaire, ils avaient en outre besoin de toute leur liberté pour machiner le plan qu'ils avaient conçu.

Nous ne sommes pas assez naïfs pour croire

que les Arabes, engagés volontaires, avaient agi par patriotisme ou par amour pour la France. Si la prime n'était qu'un faible appât, il n'en était pas ainsi de la naturalisation. Ces sauvages indigènes comprenaient également que s'ils sortaient de la domination de la France, ce serait pour retomber sous celle d'une autre puissance européenne, et leurs chefs leur avaient appris à distinguer combien était douce notre autorité, comparée à celle des autres nations, telles que l'Angleterre ou l'Allemagne. Si les Arabes ne nous aimaient pas, nous ne leur étions cependant plus antipathiques; nous aurions même obtenu leur soumission complète, si nous n'avions protégé le Juif à leur détriment. Quoi qu'il en soit, nous devons reconnaître que, dans toutes les campagnes où nous avons eu besoin d'eux, nos tirailleurs et nos spahis ont vaillamment fait leur devoir pour la France; nous devons ajouter que lors des insurrections de leurs coreligionnaires, motivées souvent par la conduite des Juifs, nous n'avons été trahis par aucun de ces braves soldats. Lorsqu'une expédition inattendue nous a contraints de faire appel à leur bravoure, il s'en est toujours présenté un nombre bien supérieur à celui qu'on demandait.

Qu'avons-nous fait pour ces hommes toujours prêts à verser leur sang pour la France ? Nous leur avons donné la prime fixée lors de leur engagement. Pour la naturalisation, malgré nos promesses, nous l'avons refusée aux plus braves. On trouverait dans les dossiers du ministère (si elles sont arrivées jusque-là), des milliers de demandes de naturalisation, adressées par d'anciens soldats, dont les pères eux-mêmes avaient servi avant eux, et dont quelques-uns des parents étaient tombés sur nos champs de bataille ; ces demandes sont restées généralement sans réponse, et lorsque les pétitionnaires insistaient trop auprès de nos fonctionnaires, ceux-ci avaient ordre de sévir contre ces vieux serviteurs.

Cela, nous diront quelques-uns de nos lecteurs, est incompatible avec notre caractère, et nous hésitons à croire à une aussi flagrante injustice. Nous leur répondrons simplement que la vérification en est facile, nous bornant à ajouter que c'est là une vengeance juive, à laquelle nous restons presque étrangers, par suite de notre aveuglement.

Le refus des Juifs de s'enrôler au service de la France aurait dû être pour nous un avertissement salutaire ; malheureusement ce fait capital était passé presque inaperçu pour les habitants de la métropole. Nos fonctionnaires algériens eux-mêmes étaient tellement enjôlés par leur hypocrisie qu'ils n'y avaient attaché qu'une minime importance. Les Juifs, du reste, qui craignaient de perdre du terrain, allaient au devant des explications. Ils parlaient sans cesse de leur attachement pour la France, ajoutant qu'ils étaient prêts à la servir, mais qu'ils ne pouvaient entrer dans les mêmes régiments que nos Arabes qui, prétendaient-ils, avaient l'intention de nous trahir. Ils disaient aussi que leur désir était de mieux se faire connaître de nous, pour que nous leur accordions la qualité de Français ; ils seraient alors de fidèles citoyens dont la France serait fière.

Nos officiers n'osaient émettre le moindre doute sur des protestations qui paraissaient si sincères. Ces Juifs indigènes étaient en outre si adroitement usuriers qu'on ne pouvait prévoir leurs intentions. N'étaient-ils pas fondés du reste à prélever un certain bénéfice sur leurs prêts, en présence des risques qu'ils avaient à courir? Ne se conformaient-ils pas à l'ordonnance du 7 décembre 1835 disant que dans les possessions françaises au nord de l'Afrique, la convention sur le prêt à intérêt fait la loi des parties? Ce n'était pas eux qui allaient chercher les emprunteurs, mais eux qui venaient les trouver, poussés par la nécessité; en leur avançant de l'argent, ils ne savaient pas s'ils seraient payés, et dans ces conditions les bons devaient payer pour les mauvais. Nos naïfs fonctionnaires ignoraient malheureusement que les Juifs ne prêtaient qu'après avoir pris toutes leurs garanties; s'ils n'allaient pas trouver nos colons, c'est qu'ils savaient que ceux-ci étaient obligés de venir à eux; s'ils se faisaient prier, c'était pour voler plus facilement les dernières ressources de nos nationaux.

Nos lecteurs ne seront pas trop surpris de cette confiance, s'ils se sont jamais trouvés en présence de ces Juifs indigènes. Ceux-ci n'avaient pas encore l'audace de ces brocanteurs qui exploitent largement la misère dans les grands centres européens. Ils étaient si patelins, qu'on était presque contraint d'ajouter foi à ce qu'ils disaient. Comment supposer du reste que ce pauvre hère couvert de haillons, enfouissait tant de trésors, et trompait si bénévolement ceux pour qui il feignait un si profond respect? A chaque prêt, il semblait donner tout ce qu'il possédait, et nous ne pouvions trouver juste de dépouiller ainsi ce prêteur complaisant qui paraissait ruiné, si on ne le remboursait pas.

Quant aux Arabes, on les traitait en sauvages. S'ils consentaient à servir dans nos rangs, ils n'y étaient poussés que par leur naturel belliqueux (1). Telle était du moins l'opinion de nos officiers, basée en général

(1) L'Arabe est fier d'endosser le costume militaire, et cette légitime fierté est une des principales causes des premiers enrôlements de nos indigènes.

sur les explications des Juifs. Si les Arabes se faisaient tuer pour la France, c'est parce qu'ils y étaient contraints par suite de leur engagement volontaire; les Juifs, au contraire, ne demandaient qu'à servir la France et à être régis par la loi commune. Quelques-uns ajoutaient même que s'ils n'avaient pas eu des raisons sérieuses pour résister à leur désir de s'engager, ils auraient refusé la prime qui leur était offerte pour prendre du service.

On se demandera comment nos officiers pouvaient ajouter foi à des récits si mensongers et à des promesses si fallacieuses? C'est qu'à cette époque les Juifs étaient inconnus de la plupart des Français. On ne pouvait supposer, en les voyant ramper, qu'ils essaieraient un jour de gouverner le monde. Si aujourd'hui nous avons appris à les connaître à nos dépens, c'est qu'après avoir acquis la puissance par l'argent, ils se sont révélés tels qu'ils voulaient être. Pour en arriver là, ils devaient cacher adroitement leur jeu, car si nos représentants avaient eu le moindre doute sur leurs intentions, ils auraient été chassés d'Algérie et n'auraient jamais trouvé en Europe ce crédit qui leur permettait d'exploiter la misère et de tuer le commerce par une usure exorbitante.

Nous croyons avoir suffisamment établi la différence qui existait entre les deux espèces d'indigènes de notre nouvelle colonie pour aborder la grave question de la colonisation, en déterminant le rôle joué par le Juif. Nous avons montré combien l'Arabe, sauvage et paresseux, mais fort et courageux, avait lutté pour conserver son indépendance ; après avoir perdu tout espoir de la reconquérir, il n'hésite pas à s'enrôler dans nos régiments et à servir courageusement la France. Le Juif, au contraire, redoutant la brutalité de l'Arabe, son premier maître, s'est rapproché du vainqueur, a surpris sa bonne foi et l'a trompé impunément.

CHAPITRE IV

DE LA COLONISATION.

Nous regrettons de ne pouvoir traiter à fond cette importante question, mais nous devons nous renfermer dans notre titre et ne faire que l'historique de la colonisation pour revenir aussitôt au sujet qui nous occupe. Toutefois, si nous sommes obligé d'être bref, nous nous efforcerons d'être précis.

Nous diviserons ce chapitre en cinq parties et nous traiterons successivement : du domaine de l'État, — des différents modes d'aliénation des biens domaniaux, des concessions, — de la propriété privée individuelle, — des transactions immobilières, — et enfin de la propriété indigène.

La partie de l'Afrique conquise par la France avait été occupée militairement, mais ne l'avait été qu'en partie. Il en était résulté l'obligation de combattre incessamment les indigènes et, faute de culture et d'industrie, l'Algérie était restée pour la France une charge sans compensations.

Le traité de la Tafna, conclu avec Abd-el-Kader en 1837, avait bien donné quelque répit; mais l'illustre émir n'avait profité de la paix que pour soulever les populations indigènes. Le gouvernement français s'était trouvé par suite dans cette alternative : conquérir l'Algérie tout entière ou l'abandonner. Nous étions trop avancés pour reculer et il nous fallut entrer de nouveau en campagne pour arriver à l'occupation de notre colonie africaine.

Vers la fin de 1840, le général Bugeaud, nommé au gouvernement de l'Algérie, entreprit cette œuvre double de conquérir l'Afrique et de la coloniser, c'est-à-dire d'en livrer la culture et l'industrie aux Européens. Nous ne raconterons pas les longs travaux de la conquête, mêlés d'insuccès partiels et de succès brillants, nous nous bornerons à parler de la colonisation.

Le moment n'était pas favorable. Les colons, ruinés et découragés par les désastres de 1839, n'étaient guère tentés de renouveler l'expérience. En outre, une difficulté pour l'œuvre de la colonisation provenait de l'incertitude de la propriété. La mauvaise foi des indigènes et l'impéritie ou la cupidité des colons européens avaient trop souvent affecté les contrats de vente, les échanges, etc. Il en était résulté une grande confusion. Par suite, personne n'osait acheter, ni risquer des améliorations sur un sol dont il pouvait être dépouillé après les avoir faites.

Une ordonnance du 1ᵉʳ octobre 1844 sembla remédier à cet état de choses. Elle régularisa, sous certaines conditions, toutes les ventes antérieures, établit le principe du rachat des rentes constituées, régla les formes de l'expropriation pour cause d'utilité publique et, pour arriver plus vite au peuplement et à la mise en valeur du territoire, frappa d'un impôt spécial les terres laissées incultes qu'elle soumit à l'expropriation.

§ I. *Du domaine de l'État*

Lors de la conquête de l'Algérie, l'administration française ne dut élever d'autre prétention sur le territoire conquis que celle de se mettre en possession du domaine de l'État Algérien, tel qu'il se trouvait constitué entre les mains du gouvernement Turc. Malheureusement, à la chute d'Alger, les Turcs disparurent sans laisser ni registres, ni plans, ni archives, ni aucun document authentique pouvant aider à reconnaître le domaine de l'État. On dut, au fur et à mesure que les biens ayant appartenu au gouvernement Turc, meubles et immeubles, droits et redevances, étaient reconnus et dénoncés, les déclarer réunis au domaine de l'État. Les propriétés appartenant à la Mecque et à Médine devaient désormais être régies, louées ou affermées par l'administration des domaines. Divers arrêtés de 1840, 1843 et 1848 ont eu plus tard pour but soit de confirmer, soit de compléter et d'étendre l'annexion au domaine des biens appartenant aux mosquées, marabouts, zaouias et, en général, à tous les établissements religieux musulmans. Dans cet historique de la formation du domaine de l'État en Algérie, nous devons aussi faire figurer le séquestre, mesure rigoureuse qui a d'abord frappé les Turcs émigrés et hostiles à la France, puis des populations entières et qui a été réglementé par divers arrêtés (1834 et 1840).

Enfin un arrêté du 26 juillet 1834 attribua à l'État les biens vacants et sans maître : cette dévolution, confirmée par l'art. 137 de l'ordonnance du 21 août 1839 sur le régime financier de l'Algérie, lequel y ajouta les propriétés en déshérence, ouvrit pour le Domaine une source importante d'acquisitions, surtout quand les art. 109 et 83 de l'ordonnance du 1er octobre 1844, 46 et 5 de l'ordonnance du 21 juin 1846 eurent assimilé aux biens vacants tous les marais et toutes les terres qui n'auraient pas été réclamées dans un certain délai, lors de la vérification générale des propriétés.

Lorsqu'intervint la loi du 16 juin 1851, que l'on a considérée comme la charte de la propriété foncière en Algérie, on crut avec raison devoir placer en tête de cette loi des dispositions sur le domaine de l'État et principalement sur sa constitution. C'est cette loi qui a établi avec clarté les principes à la lumière desquels il est facile de reconnaître ce qui fait, ou non, partie du domaine de l'État en Algérie, et l'on comprend quelle était l'importance d'une solution nette et précise à cet égard, puisque ce qui n'est pas compris dans le domaine de l'État doit constituer naturellement la part réservée à la propriété privée indigène ou européenne.

Aux termes de l'article 4 de la loi du 16 juin 1851, le domaine de l'Etat, en Algérie, comprend : 1° Les terrains, les fortifications et les remparts des places qui ne sont plus places de guerre, et en général tous les biens qui ont cessé de faire partie du domaine public sans entrer dans la propriété privée ; 2° des biens vacants et sans maître ; 3° les choses perdues ou abandonnées, telles que les épaves de mer ou de fleuves et les épaves de terre ; 4° les biens en déshérence.

Conformément à l'ordonnance de 1844, on considérait comme vacant le terrain dont le propriétaire n'avait pas fait signifier ses titres à l'administration dans les délais de trois mois. Le législateur avait, en outre, admis le principe de l'expropriation pour cause d'inculture.

Dès le 1er septembre 1830, l'administration du domaine de l'État fut confiée à un directeur des domaines et revenus publics, qui n'avait que quelques agents sous ses ordres.

Au point de vue de la gestion et de l'administration du domaine de l'État, il faut distinguer les immeubles qui sont affectés à des services publics de ceux qui n'ont pas cette affectation : les premiers sont administrés par les chefs des services auxquels ils sont affectés, tandis que les autres le sont par l'administration des domaines et peuvent être loués, échangés ou aliénés.

L'article 6 de la loi du 16 juin 1851 dispose que les biens dépendant du domaine de l'État peuvent être aliénés, échangés, concédés, donnés à bail ou affectés à des services publics. L'affectation des biens domaniaux à des services publics ne pouvait avoir lieu en Algérie qu'en vertu d'une décision du gouverneur général. Plus tard (ord. du 9 novembre 1845), il suffisait d'en faire la demande au chef de service, qui la communiquait au préfet; elle était ensuite effectuée par une décision de notre ministre de la guerre, rendue sur la proposition ou l'avis du gouverneur général.

Les immeubles domaniaux qui ne sont pas affectés à un service public, doivent, aux termes de l'ordonnance de 1845, être affermés dans les formes suivantes : Les baux ont lieu aux enchères publiques, sur les cahiers des charges approuvés par le ministre de la guerre (aujourd'hui par le gouverneur). Ils sont faits dans la forme administrative et passés par le directeur des finances et du commerce (le préfet). La législation domaniale de l'Algérie ne prohibe pas cependant d'une manière absolue les locations ou amodiations de gré à gré en ce qui concerne les biens du domaine. Il est dit en effet dans l'ordonnance de 1845 : « Néanmoins, si des circonstances exceptionnelles l'exigent, les baux peuvent être faits de gré à gré avec l'autorisation préalable et spéciale du ministre de la guerre, sur l'avis du conseil supérieur de l'administration (1). La durée des baux n'excédera pas neuf ans. » Plus tard ce droit de statuer directement est accordé aux préfets avec l'assistance des conseils de Préfecture, mais ils ne peuvent le faire qu'après estimation contradictoire de la valeur locative des immeubles. Si la durée de la location de gré à gré doit excéder trois années, et si l'immeuble domanial est d'une valeur locative annuelle de plus de 1,000 francs, c'est au gouverneur général qu'il appartient de statuer sur cette

(1) Cette partie de l'ord. de 1845 relative aux baux de gré à gré a donné lieu à de nombreux abus.

location avec l'intervention du Conseil de gouvernement.

Les bois et les forêts (1) appartenant au domaine de l'État, aux communes, aux établissements publics, ou seulement indivis entre eux et les particuliers, sont légalement et de plein droit soumis au régime forestier. Les difficultés d'exploitation ont empêché l'État de tirer de la richesse forestière qu'il possède en Algérie tout le parti que cette richesse comporte. En outre la crainte de voir se renouveler les incendies, qui, sur plusieurs points, ont opéré de si déplorables dévastations, détourne les capitaux de toutes exploitations forestières un peu importantes. Aux

---

(1) Nous ne voulons pas laisser supposer à nos lecteurs qu'il existe en Algérie des forêts comme nous en avons en France. Dans la plupart de ces forêts, les arbres méritent à peine la dénomination d'arbustes ; ils ont à peine 35 ou 40 centimètres de grosseur et dépassent rarement une hauteur de 3 mètres.

Il serait cependant très facile de créer de très belles forêts en Algérie, mais pour cela il faudrait parer à la sécheresse. Ces travaux incomberaient par suite au gouvernement qui reste malheureusement étranger à tout ce qui intéresse l'Algérie.

termes du cahier des charges arrêté le 10 juin 1861, les forêts de chênes-lièges étaient concédées pour quatre-vingt-dix années consécutives. Cette longue durée des baux était motivée par cette double considération, qu'il faut, d'une part, beaucoup de temps pour la régénération des forêts, et qu'il est juste, d'autre part, de laisser aux fermiers un temps de jouissance assez long pour qu'ils puissent profiter des travaux par eux effectués.

Après avoir nettement établi quels étaient les biens domaniaux de l'État, nous allons nous occuper des différents modes d'aliénation et traiter spécialement de la colonisation.

§ II. *Des différents modes d'aliénation des biens domaniaux.* — *Des concessions.*

Les biens du domaine de l'État sont aliénables et par suite prescriptibles. Contrairement à ce qui existe en France, les immeubles domaniaux en Algérie peuvent passer dans le domaine privé des particuliers, sans l'intervention préalable du pouvoir législatif.

L'idée de concession a dû se présenter la première comme le mode d'après lequel il y avait lieu de remettre les terres domaniales, dans l'intérêt de la colonisation, aux mains de ceux qui devaient les cultiver. Le sol le plus fertile n'a de valeur en effet que celle que lui donne le travail de l'homme, et au début de notre occupation, le travail avait bien des chances contraires. C'est les armes à la main que nos braves colons ont dû défendre les terres qu'ils avaient défrichées. Dans de telles conditions, on ne pouvait songer à vendre au colon le champ qu'il devait garder en soldat. On ne pouvait du reste, dans les premières années qui suivirent la conquête, disposer d'étendues assez considérables pour établir un système bien défini d'aliénation. C'était du reste au jour le jour, à la suite de l'armée, et comme dans des camps, que se créaient bien des centres de population, qui depuis sont devenus très importants. On était donc contraint par la force des choses de donner des terres à ceux qui, les premiers, se présentaient pour les cultiver.

Malheureusement les concessions furent bientôt soumises à de telles formalités qu'elles devinrent un obstacle au développement et au progrès de la colonisation. Par arrêté du gouverneur général, en date du 18 avril 1841, un particulier pouvait bien, sans bourse délier, devenir concessionnaire d'une certaine étendue de terres domaniales, mais il n'avait pas les avantages de la propriété. Lors de sa mise en possession, il ne lui était délivré qu'un titre provisoire ne lui conférant qu'une propriété sous condition suspensive, c'est-à-dire subordonnée à l'accomplissement d'une foule de conditions et de charges, et en vertu de ce titre il ne pouvait ni aliéner ni hypothéquer, sans autorisation administrative, les biens concédés.

Aux termes de l'ordonnance du 9 décembre 1845, les immeubles domaniaux pouvaient être aliénés : 1° Aux enchères publiques, en vertu d'autorisation du ministre de la guerre ; 2° par vente de gré à gré, et sur estimation préalable, autorisée par une ordonnance royale ; 3° par voie d'échange réalisé suivant certaines formes; 4° à titre de concession, soit individuelle à des colons ou des indigènes, soit collective à des communes.

Plus tard, une nouvelle ordonnance (1847) venait compléter les dispositions relatives au mode des concessions. Elle conférait au gouverneur général le pouvoir d'autoriser les concessions de 25 hectares et au-dessous sur le territoire des nouveaux centres de population régulièrement approuvés; elle réglait la forme des demandes en concession; — elle disait que la vente mise à la charge des concessionnaires au profit de l'État ne courrait qu'à l'expiration du délai marqué pour l'exécution des travaux exigée comme condition suspensive de la part des concessionnaires; — elle imposait aux concessionnaires l'obligation d'un cautionnement préalable de 10 francs par hectare; elle déterminait la forme et les effets du titre provisoire; — elle traçait les formalités relatives à la vérification des travaux; — enfin elle autorisait le gouverneur général et le ministre de la guerre à accorder, en cas d'excuse légitime, aux concessionnaires des prorogations de délai pour l'achèvement de ces mêmes travaux. Les concessionnaires indigènes furent dispensés de l'obligation du cautionnement.

Un défaut capital du système des concessions, tel que l'organisaient les ordonnances de 1845 et 1847, consistait en ce que le concessionnaire n'acquérant la propriété que sous une condition suspensive et ne pouvant sous peine de déchéance hypothéquer les biens ainsi concédés provisoirement, ni les transmettre à des tiers qu'avec l'agrément de l'autorité administrative, il en résultait que ce concessionnaire n'avait absolument aucun moyen de crédit, et se trouvait hors d'état, au grand détriment de la colonisation, de se procurer, si ce n'est à des taux d'intérêt ruineux, les avances qui pouvaient lui être nécessaires pour établir ou pour développer son exploitation. C'est alors qu'on commença à s'adresser au Juif, qui allait profiter de la difficulté créée aux colons pour les exploiter et accaparer ainsi d'une manière indirecte le fruit de leurs labeurs.

Nous ne parlerons du rôle joué par le Juif dans la colonisation qu'après avoir terminé l'historique de cette importante question, en expliquant comment toutes les améliorations qu'on a cru faire jusqu'à nos jours, ont toujours été fictives et n'ont produit qu'un effet négatif.

Un décret du 26 avril 1851 substitua, en ce qui concerne les concessions, une propriété sous condition *résolutoire* au système de l'acquisition d'une propriété sous condition *suspensive*. Les actes de concession en Algérie donneront désormais la propriété immédiate des immeubles concédés, à la charge de l'accomplissement des conditions prescrites, et les concessionnaires pourront, sans autorisation administrative préalable, hypothéquer et transmettre à titre onéreux ou à titre gratuit, tout ou partie des terres à eux concédées.

Malheureusement le colon restait pour l'obtention de son titre définitif, même en cas d'exécution de ses charges, à la discrétion de l'autorité. En outre le crédit des concessionnaires était loin de se trouver dégagé des entraves qui l'ont toujours empêché de devenir, pour la colonisation, un principe de force et de progrès; en cas de mutation de propriété, en effet, la condition résolutoire pesait sur les détenteurs successifs et sur les créanciers hypothécaires. On ne pouvait considérer comme un moyen sérieux de crédit une hypothèque susceptible éventuellement d'être emportée du même coup par l'événement qui fera s'évanouir le droit de propriété entre les mains du constituant.

Si les dispositions principales du décret de 1851 n'atteignaient pas le but en vue duquel elles avaient été édictées, on doit reconnaître qu'elles avaient introduit en Algérie, au détriment de la colonisation, un nouveau germe de malaise et de ruine. Par suite des facilités accordées par l'article 7 de ce décret pour la vente des terres domaniales concédées, on ne sollicitait plus une concession pour la culture (la culture étant à peu près impossible, faute de moyens de crédit), mais pour la vente; de là les plus stériles spéculations et le plus funeste agiotage.

Le décret de 1851 a enfin fait les innovations suivantes : 1° il a déchargé d'une manière générale tous les concessionnaires de l'obligation de fournir un cautionnement de 10 francs par hectare ; — 2° il a accordé aux préfets le droit d'autoriser, sur l'avis des conseils de préfecture, les concessions d'une étendue de moins de 50 hectares ; — 3° il a assigné aux concessionnaires un délai obligatoire, sous peine de déchéance, de trois mois à partir de la date de la concession pour requérir leur mise en possession des biens concédés ; — 4° il a entouré de garanties plus réelles l'acte de la vérification des travaux imposés aux concessionnaires et il a soumis à la publicité, dans l'intérêt des tiers, la décision administrative qui déclare l'immeuble affranchi de la condition résolutoire, ou qui prononce la déchéance ; — 5° il a ordonné qu'après la déchéance prononcée, si le concessionnaire avait fait sur l'immeuble des améliorations utiles et constatées par le procès-verbal de vérification, il fût procédé publiquement, par voie administrative, à l'adjudication dudit immeuble, pour la somme provenant de ces améliorations être attribuée soit à l'exproprié, soit à ses créanciers (1). Par ce décret, c'est l'autorité judiciaire qui est devenue compétente pour statuer au moins sur les contestations soulevées entre le concessionnaire et les tiers, relativement aux immeubles concédés, et la compétence administrative ne subsiste qu'en ce qui concerne les rapports du concessionnaire avec l'État.

L'expérience a démontré que le système de colonisation, qui prend pour point de départ les aliénations de terres au profit des colons par voie de concession, soit sous condition suspensive, soit sous condition résolutoire, était le plus défectueux que l'on pût imaginer, et le moins propre à attirer en Algérie des travailleurs européens et des capitaux. Les

---

(1) C'était sur ce dernier point que les Juifs basaient leurs garanties. La plus-value provenant des améliorations faites par le colon était souvent supérieure à la valeur attribuée à l'immeuble au moment de la concession. Il en résultait forcément que les Juifs retiraient toujours le montant intégral de leurs créances, alors qu'ils avaient prêté des sommes de beaucoup inférieures. Ce fut le premier moyen employé par les Juifs pour enlever à nos colons le fruit de leur labeur.

concessions étaient d'abord soumises à des lenteurs qu'entraînaient les formalités administratives : combien de gens pleins de bonne volonté, de confiance, apportant avec eux des ressources réelles, ne se sont-ils pas fatigués, dégoûtés, ruinés dans les circuits qui les menaient, pendant des années entières, du pouvoir civil au pouvoir militaire, des bureaux du ministère à Paris aux bureaux du gouvernement à Alger ! D'autre part, la concession faite, dans quelle situation se trouvait le colon ? L'administration se croyait le droit d'imposer au concessionnaire d'innombrables prescriptions, puis de s'assurer de leur exécution par une surveillance inquisitoriale. Séduits par l'idée de recevoir un morceau de terre sans rien débourser, des colons se présentaient qui n'avaient ni l'énergie, ni l'expérience, ni les ressources pécuniaires indispensables à tout établissement. Un très petit nombre put remplir les conditions prescrites et acquérir un titre de propriété définitif. Les autres, ne s'étant point acquittés dans le délai fixé, se trouvaient toujours sous le coup d'une éviction; ils ne pouvaient ni vendre leur bien, ni l'échanger, ni offrir au prêteur des garanties sérieuses; pour trouver de l'argent, ils devaient subir des conditions écrasantes. Aucun établissement de crédit ne venait à leur secours. Ils végétaient; l'autorité devait fermer les yeux : si elle eût exproprié tous les concessionnaires en défaut, la colonie se fût trouvée dépeuplée (1).

Un décret du 25 juillet 1860 vient inaugurer un régime nouveau pour la distribution des terres destinées à la colonisation. Ce décret s'occupe d'abord des périmètres de colonisation dont la fixation doit précéder cette distribution des terres domaniales. Les projets de ces périmètres sont préparés en territoire civil par les préfets, en territoire militaire par les généraux commandant les provinces et

---

(1) Il était rare qu'un concessionnaire pût remplir toutes les conditions qui lui étaient imposées. On ne pouvait espérer, dès le début, trouver de riches colons disposés à sacrifier une fortune péniblement acquise. Ceux qui demandaient des concessions, n'ayant aucune ressource et ne pouvant emprunter, auraient tous été expropriés sans la tolérance forcée des autorités.

arrêtés par décision ministérielle. La décision ministérielle qui arrête un périmètre de colonisation, doit désigner les parties du lotissement et les numéros des lots qui doivent être tenus en réserve, tant dans l'intérêt public que pour le placement immédiat de colons, et déterminer le mode d'aliénation des autres lots.

Rien n'est plus important, au point de vue du développement de l'Algérie, qu'une fixation convenable des périmètres de colonisation, et il entre essentiellement dans les attributions du gouvernement de vérifier, avant de procéder à la distribution aux colons des terres disponibles : 1° si le pays qu'il s'agit de peupler est suffisamment défendu, et offre à ses colons toutes les garanties de sécurité et de paisible possession ; — 2° si ce pays se trouve, en outre, dans des conditions économiques telles que ceux qui viendront l'habiter pourront facilement y prospérer et s'y fixer avec avantage. Jusqu'ici, cette règle fondamentale, en matière de colonisation, n'a pas été suffisamment observée en Algérie. Ainsi, l'on n'y a que trop souvent toléré ou même autorisé des établissements de colons à 60 ou 100 lieues de la mer, au milieu des montagnes ou au bord du désert. Il en est résulté que ces colons, éloignés du littoral, sans voies de communications faciles, se sont trouvés dans des conditions précaires, n'ont pu vivre qu'à l'aide des ressources fournies par l'occupation militaire, et en étaient réduits à la misère lorsque celles-ci venaient à leur manquer.

D'après une circulaire du gouverneur général de Mac-Mahon, en date du 29 novembre 1864, les périmètres de colonisation doivent être formés autour des chefs-lieux des trois provinces. Ce n'est en effet qu'autant que les populations européennes seront ainsi groupées au lieu d'être disséminées, que l'on verra se développer l'échange des produits et s'établir cette foule de petites industries qui naissent dans les sociétés civilisées.

Les périmètres de colonisation une fois arrêtés et la libre disposition des terres reconnue, le premier et principal mode d'aliénation, que consacre le décret de 1860, est celui des ventes à prix fixe. Ce régime des ventes à prix fixe se recommande par l'exemple de l'Amérique où il est adopté depuis longtemps, et où l'émigration d'Europe vient, chaque année, apporter un contingent si considérable de travailleurs. C'est du reste celui qui se présente dans les conditions les plus simples.

De nouvelles dispositions sur les ventes à prix fixe et à bureau ouvert de terres domaniales en Algérie ont été édictées par le décret du 31 décembre 1864. L'article 1 de ce décret détermine la règle à suivre rigoureusement à l'avenir pour l'aliénation des terres domaniales alloties en vue de la création ou de l'agrandissement des périmètres de colonisation. Le prix de chaque lot à vendre est fixé par le gouverneur général, le conseil de gouvernement entendu.

Les ventes à prix fixe sont faites par le receveur des domaines de la circonscription où sont situés les biens ; elle sont, deux mois au moins avant l'ouverture de l'opération, annoncées par voie d'affiches, et elles se continuent jusqu'à complet épuisement des lots. Le prix de chaque lot n'est plus payable par tiers, mais par cinquième : un cinquième au moment de la signature du contrat, et les autres d'année en année. Après avoir payé l'intérêt légal pour les parties du prix non payées comptant, cet intérêt a été réduit par un décret postérieur du 21 juillet 1866 au taux de 5 pour 100. L'acquéreur paie, en sus du prix de la vente, les droits de timbre, d'enregistrement et de transcription hypothécaire.

Les ventes à prix fixe ont lieu d'après un projet de contrat arrêté d'une manière uniforme pour les trois provinces, et dont les principales conditions se résument par ces trois points : 1° paiement en cinq annuités du prix de vente; — 2° mise en possession de l'acquéreur après le versement du premier cinquième; — 3° affranchissement de toutes les charges relatives à la mise en valeur du sol. Toutes les ventes deviennent définitives par le fait seul de la signature du contrat, sans être subordonnées à aucune sorte de ratification administrative (1).

Lorsqu'il s'agit de terres qui, par leur proximité d'une ville ou d'un village, ou d'importantes voies de communication, par des facilités d'irrigation, et enfin par les conditions économiques spéciales où elles se trouvent, ont déjà une valeur vénale, réelle et très appréciable, et doivent, par cela même, être recherchées d'un grand nombre d'acheteurs, comme cette valeur vénale ne provient que du milieu social et économique où les terres se trouvent placées et qu'il serait injuste que l'État ne fût pas appelé à profiter d'une plus-value qu'il a lui-même créée, le décret du 25 juillet 1860 a dû autoriser pour ce cas la vente aux enchères publiques. Un autre cas où il y a lieu de recourir au même mode de vente est celui prévu par les articles 2 et 17 du décret du 2 avril 1854 sur les partages

---

(1) Le privilège de l'État comme vendeur existant jusqu'au paiement définitif, l'acquéreur ne trouve que difficilement à emprunter, par cela seul que la propriété de l'immeuble est subordonnée pour lui au paiement du prix en cinq annuités, et que le prêteur ignore si ces paiements seront effectués régulièrement.

de biens indivis entre le domaine de l'État et les particuliers.

Le décret de 1860, conformément à l'avis émis par le conseil supérieur et par les diverses autorités de l'Algérie, n'avait pas proscrit d'une manière absolue la faculté de concession. Pourquoi répudier le droit de concéder quelques lots nécessaires pour construire les premières maisons d'un village où viendront se grouper des artisans et des cultivateurs, lorsqu'il s'agit de fonder des centres de population dont la création est souvent commandée par un intérêt politique et n'est pas toujours sans difficulté, et lorsqu'il s'agit de l'établissement d'anciens soldats qui ont arrosé de leur sang la terre qu'ils veulent défricher ?

Toutefois la faculté de concéder fut renfermée dans les limites les plus étroites. Ainsi les concessions ne pouvaient désormais être faites qu'exceptionnellement par le ministre et sur les lots réservés dans les périmètres de colonisation; elles ne pouvaient en outre excéder 30 hectares, et n'imposaient au concessionnaire d'autre obligation que celle de construire une maison sur le terrain concédé. Le décret de 1860 avait enfin statué rétroactivement en faisant bénéficier des mêmes avantages tous les propriétaires dont les concessions étaient antérieures, pourvu qu'ils remplissent la condition de bâtir stipulée dans leurs titres.

Le décret du 31 décembre 1864 dit que le système des concessions gratuites de terres est désormais supprimé. La gratuité de la concession est toutefois maintenue, pour le cas où les besoins de la défense ou tout autre motif d'ordre public nécessiteraient sur un point avancé du pays la création d'un centre de population. La délivrance de concessions ne peut plus alors être autorisée par une décision ministérielle, il faut, pour toute concession dont l'étendue serait même inférieure à 30 hectares, qu'il soit rendu par l'empereur un décret spécial, sur le rapport du ministre de la guerre, d'après les propositions du gouverneur général de l'Algérie.

L'article 12 du même décret accorde à toutes

les concessions faites jusqu'à ce jour l'affranchissement de toute clause résolutoire autre que celle du paiement ou du rachat de la vente. Il laisse toutefois subsister l'obligation faite aux concessionnaires pendant un délai de dix ans, de livrer sans indemnité à l'État tous les terrains qui lui seraient nécessaires pour l'établissement des routes, chemins, aqueducs et cours d'eau, avec servitudes ordinaires de francs-bords. Ils doivent enfin acquitter l'impôt foncier et tous les autres impôts qui viendraient à grever la propriété en Algérie

§ III. *De la propriété privée individuelle.*

En Algérie, la propriété privée et individuelle a pris naissance et s'est établie à la suite des aliénations de terres domaniales et des nombreuses transactions immobilières qui ont été bientôt conclues entre les Européens accourus après la conquête et les indigènes.

La propriété privée n'a été réellement constituée en Algérie que par les ordonnances du 1ᵉʳ octobre 1844 et du 21 juillet 1846.

Les acquisitions d'immeubles faites avant 1844 n'avaient eu pour résultat que de conférer aux acquéreurs européens une propriété mal assise et incertaine. Il s'agissait donc de consolider cette propriété.

Aux termes de l'ordonnance de 1844, furent validées et déclarées inattaquables les ventes, consenties au nom de propriétaires indigènes à des Européens, qui pouvaient être arguées de nullité à raison de l'insuffisance des pouvoirs des cadis, maris, pères, frères et chefs de famille, ayant, sans mandat spécial, stipulé pour des mineurs ou des absents, pour des femmes mariées, pour des enfants, des frères, sœurs ou alliés au même degré. La vente faite par la mère musulmane des biens de ses enfants mineurs est restée en dehors de celles qui ont été validées par l'ordonnance.

La même ordonnance disait que nul officier des armées de terre ou de mer, nul fonctionnaire ou employé militaire ou civil ne pourrait, pendant la durée de son service en gérie, y acquérir des propriétés immobilières, directement ou indirectement, par lui-même ou par personnes interposées, ou devenir preneur ou locataire de ces mêmes propriétés par bail excédant neuf années, sans une autorisation du ministre de la guerre. — Une seconde prohibition, bien autrement grave, s'appliquait également, à peine de nullité de la transaction immobilière, à toutes acquisitions à titre onéreux d'immeubles situés en dehors des limites qui seraient assignées aux établissements européens et à la colonisation par des arrêtés du ministre de la guerre; il n'y avait d'exceptions que relativement aux acquisitions faites par l'État pour services publics, ou par des particuliers pour des établissements d'industrie et de commerce avec autorisation spéciale du ministre de la guerre.

A l'époque où fut promulguée l'ordonnance du 1er octobre 1844, les progrès économiques de l'Algérie étaient entravés non seulement par l'incertitude qui planait au-dessus de toutes les propriétés, mais encore par suite du défaut de culture des terres occasionné par les difficultés d'une colonisation naissante, et surtout par l'esprit de spéculation qui portait les Européens à chercher une fortune rapide plutôt dans le trafic des terres que dans les travaux agricoles.

Malheureusement cette ordonnance amena un grand nombre de procès; on s'aperçut bien vite que le remède était insuffisant et l'on se décida à entreprendre la vérification par mesure administrative de toutes les propriétés immobilières en Algérie. C'est dans ce but qu'ont été rendus l'ordonnance du 21 juillet 1846 et les arrêtés ministériels des 17 septembre et 2 novembre de la même année.

Le but de la colonisation de l'Algérie doit être : le peuplement du pays pour créer une force défensive qui prépare dans l'avenir la diminution de l'effectif de l'armée; la fertilisation du sol pour assurer contre toute éventualité l'alimentation de ses habitants; enfin la mise en valeur du territoire pour arriver à l'impôt qui dégrèvera d'abord et finira par enrichir le Trésor. La colonisation pourra s'opérer, soit par les colons déjà établis en Algérie, soit par les colons nouveaux qui demandent la concession des terres à cultiver (1).

Aux termes de l'article 1 de l'ordonnance du 21 juillet 1846, le ministre de la guerre a été chargé de déterminer par des arrêtés spéciaux le périmètre des territoires dans l'étendue desquels les titres de propriété rurale devaient être vérifiés, et l'on peut voir, en consultant le Recueil officiel des actes du gouvernement de l'Algérie, de nombreux arrêtés en vertu desquels diverses parties du territoire ont été successivement soumises à la mesure de la vérification générale des propriétés. Chaque arrêté du ministre de la guerre était rendu public par voie d'affiches et par une double insertion dans le *Moniteur universel*, alors journal officiel, à Paris et au *Moniteur Algérien*. Dans un délai que l'or-

---

(1) Ces trois points capitaux devaient préoccuper tout particulièrement le gouvernement français, malheureusement il les a complètement négligés et la colonisation n'aurait fait aucun progrès si quelques rares capitalistes n'eussent acheté d'assez vastes étendues de terrain pour y faire des plantations de vigne.

donnance fixait à trois mois, à partir de cette double insertion, tout Européen ou indigène qui se prétend propriétaire de terres comprises dans le périmètre déterminé doit déposer ses titres de propriété à la préfecture de chaque département.

Cette même ordonnance dit que « le vendeur non payé ainsi que le bailleur à rente perpétuelle ou leur cessionnaire, et généralement toute personne prétendant avoir un droit réel sur l'immeuble, seront admis à faire ou à compléter le dépôt des titres de propriétés » : ils y ont intérêt, puisque leurs droits peuvent être compromis par suite de la décision à intervenir sur la validité des titres de propriété et sur leur application au terrain.

D'après le texte même de l'ordonnance, la délimitation qu'elle prescrit est obligatoire pour les indigènes comme pour les Européens, et il semble résulter en outre de ce même texte que cette législation spéciale à l'Algérie, par dérogation aux principes de l'islamisme, ne reconnaît, dans ce cas, que des titres auxquels ne peut suppléer la prescription.

Les terres comprises dans le périmètre déterminé par le ministre de la guerre et dont la propriété n'a pas été réclamée dans les délais prescrits, sont réputées vacantes et sans maître, et l'administration peut en faire immédiatement la concession aux clauses et conditions qu'elle juge convenables.

La mission de vérifier les titres produits a été confiée à l'autorité administrative. Après en avoir chargé le conseil du contentieux, cette juridiction a été remplacée par des conseils de direction, puis par des conseils de préfecture. Toutefois, ils n'étaient pas compétents pour vérifier les titres de propriétés rurales situés dans le périmètre de territoires qui n'auraient pas été déterminés par des arrêtés spéciaux du ministre.

Aux termes de l'arrêté ministériel du 2 novembre 1846, les titres notariés passés depuis le 5 juillet 1830, mais avant le 31 octobre 1844, peuvent être considérés comme réguliers en la forme lorsqu'ils contiennent l'énonciation des titres primitifs antérieurs au 5 juillet 1830; seulement ces titres primitifs ne doivent pas être de simples actes de notoriété.

La même décision qui déclarait réguliers en la forme les titres produits, devait ordonner que l'un des membres du conseil de préfecture se transporterait sur les lieux pour y faire l'application des titres, avec l'assistance d'un ou plusieurs experts nommés d'office par le conseil de préfecture, si la descente avait lieu dans la province d'Alger, et par le membre délégué si la descente se faisait dans une autre province.

L'art. 16, paragraphe 2 de l'ordonnance du 21 juillet 1846, dispose qu'à la suite de l'homologation le conseil de préfecture rend une décision qui vaut titre au profit du propriétaire, et qui ne peut être attaquée, pour quelque cause que ce soit, par les tiers qui n'ont pas réclamé antérieurement. Mais des oppositions ont pu se produire avant la décision d'homologation, et ici se présente une importante distinction quant à l'autorité compétente pour statuer sur ces oppositions qui, si elles sont intervenues lors de l'application des titres aux terrains, ont dû, sur la réquisition des parties, être insérées dans le procès-verbal des opérations. Si les questions ne soulèvent qu'une simple question de limites, elles sont de la compétence du conseil de préfecture; mais si elles soulèvent une question de propriété, le conseil de préfecture doit surseoir à l'homologation jusqu'à ce que les tribunaux civils aient statué sur la contestation.

Lorsque les titres, déposés dans les délais fixés, ne réunissent pas toutes les conditions exigées, le conseil de préfecture doit en déclarer la nullité. Dans ce même ordre d'idées, il a été décidé qu'à supposer que les dispositions suivant lesquelles les droits de propriété rurale prétendus par des indigènes, pour des causes antérieures à la conquête, ne peuvent être reconnus qu'autant qu'ils sont appuyés sur des titres précis et ayant date certaine avant cette époque, ne s'opposent pas à ce que, en cas de perte de tels titres par force majeure, il y soit suppléé par la production d'actes de notoriété, le conseil de préfecture ne peut du moins admettre les actes de cette dernière espèce dans le cas où ils sont dépourvus de précision et de concordance.

Aux termes de l'article 24 de l'ordonnance du 21 juillet 1846, celui qui avait cultivé même en l'absence d'un titre régulier recevait la concession définitive de la partie du sol cultivée, si les travaux exécutés étaient conformes aux prescriptions de ladite ordonnance. Il a été décidé : 1° que si les travaux de culture exécutés sur un domaine peuvent donner droit à la concession de terres cultivées, il n'appartient qu'à l'administration de faire cette concession, et que le conseil de préfecture ne peut la faire lui-même par la voie détournée d'une validation de titres irréguliers ; — 2° que la concession ne peut être directement demandée au conseil de préfecture ; — 3° que cette même concession ne peut être davantage demandée directement au Conseil d'État.

D'autres dispositions établissent un droit de préférence pour la concession au profit du réclamant de la part duquel, il y a eu, antérieurement à la publication de l'ordonnance, simple commencement de travaux de défrichement et de culture.

§ IV. *Des transactions immobilières.*

L'art. 14, § 1, de la loi du 16 juin 1851, reproduisant le principe de droit commun écrit, déclare que chacun a le droit de jouir et de disposer de sa propriété de la manière la plus absolue en se conformant à la loi française pour les propriétaires européens, à la loi musulmane pour les propriétaires indigènes, et pour tous à la loi spéciale de l'Algérie.

La liberté des transactions immobilières n'a été réellement établie en Algérie qu'à partir de la promulgation du sénatus-consulte du 22 avril 1863. Antérieurement à cette promulgation, diverses considérations avaient conduit le législateur à interdire les transactions immobilières à certaines personnes ou dans certains territoires, et à refuser ainsi la colonisation aux colonies anglaises et américaines : des terres à acheter et le droit d'acheter librement, liberté dans l'offre, liberté dans la demande.

Par un arrêté du 5 mai 1848, pris par le gouverneur général, en vertu des pouvoirs exceptionnels à lui conférés par le gouvernement provisoire, sont abrogés les art. 11, 17 et 18 de l'ordonnance du 1er octobre 1844, qui interdisaient aux militaires et fonctionnaires publics en Algérie, d'acquérir des immeubles ou d'en prendre à bail pour plus de neuf années.

Aux termes de l'article 15 de la loi du 16 juin 1851, étaient nulles de plein droit, même entre les parties contractantes, toutes aliénations ou acquisitions faites sur le sol du territoire d'une tribu par des personnes étrangères à cette tribu. Les notaires ou autres officiers publics qui auront prêté leur ministère pour des aliénations ou acquisitions de cette nature, seront, suivant la gravité des cas, suspendus ou révoqués sans préjudice, s'il y a lieu, de dommages-intérêts envers les parties. Cette prohibition provenait de ce que la tribu répondait de la sécurité de son territoire, se gouvernait et s'administrait elle-même; c'était, comme on l'a souvent dit, un gouvernement à forfait.

Un décret du 16 février 1859 avait établi en Algérie la liberté *sans distinction de territoire*, des transactions immobilières portant sur des biens possédés en vertu de titres réguliers de propriété privée; mais l'exécution de ce décret fut presque aussitôt suspendue en vertu d'un autre décret en date du 7 mai suivant, et ce n'est que depuis la promulgation du sénatus-consulte du 22 avril 1863 qu'une ère nouvelle a été définitivement inaugurée pour l'Algérie au point de vue de la liberté complète des transactions immobilières et de la transmissibilité de la propriété foncière individuelle. Désormais tous les biens sur lesquels existe et s'exerce un droit privatif de propriété seront librement transmissibles *en tout territoire*, et il n'y aura que les immeubles appartenant à l'être collectif appelé *tribu* qui resteront en dehors de la circulation et du domaine des transactions.

Ce ne sont pas les terres qui manquent en Algérie aux colons, et ce n'est pas le prix du sol qui les effraie et peut les ruiner. Cette première mise de fonds n'est rien comparée à la seconde, relative aux frais d'exploitation, et il appartient au gouvernement d'améliorer ces conditions d'installation et d'exploitation en établissant sur le sol d'Algérie de grands travaux d'utilité publique, et surtout des routes, des voies de communication et de transport de toute sorte sans lesquelles il ne peut exister d'agriculture sérieuse.

La loi du 16 juin 1851 dispose que les transmissions immobilières de musulman à musulman continueront d'être régies par la loi musulmane. Une conséquence importante de ce principe consiste en ce que l'acquéreur musulman, pour devenir propriétaire à *l'égard des tiers* de l'immeuble vendu, n'est pas tenu de faire transcrire son contrat d'acquisition. Toutefois, aux termes d'un décret du 31 décembre 1839, les musulmans peuvent entre eux consentir des transactions immobilières en convenant qu'elles seront régies par la loi française; ils peuvent notamment constituer des hypothèques en se référant à cette loi, et en faire rédiger les actes par un notaire.

Les transmissions immobilières entre toutes

personnes autres que de musulman à musulman sont régies par le droit civil français. On comprend dans cette catégorie les transmissions de biens entre Européens, — entre Européens et musulmans, — entre Juifs indigènes (1), — et entre Juifs indigènes et Européens.

Bien que les transmissions immobilières entre musulmans et Européens soient régies par les dispositions du Code Napoléon, c'est toutefois à la loi musulmane qu'il faut se référer pour apprécier la capacité du musulman vendeur et la validité des servitudes antérieurement constituées sur l'immeuble vendu. C'est la cause principale de l'incertitude et de l'insécurité qui planent fatalement sur les transmissions d'immeubles entre musulmans et Européens.

L'acheteur européen, s'il existe des titres que puisse produire le musulman vendeur, doit avoir soin de les vérifier en remontant

(1) Nous constatons déjà une différence entre les deux races indigènes de notre colonie ; les Juifs sont assimilés aux Européens.

jusqu'à la limite de la prescription acquise : et il suffit de rappeler ici que la propriété, en droit musulman, s'acquiert, même sans titre ni bonne foi, par une possession de dix ans entre étrangers et de quarante ans entre parents. Mais l'obstacle insurmontable à la pleine sécurité de ces transactions consiste en ce que, l'acquéreur musulman devenant propriétaire à l'égard des tiers, indépendamment de toute transcription, l'acheteur européen, au moment où il contracte avec un musulman vendeur, n'a aucun moyen de savoir si ce vendeur n'a pas déjà cessé, peut-être même depuis la veille seulement, d'être propriétaire de l'immeuble qui fait l'objet de la transaction.

Pour prévenir les mécomptes et les fraudes auxquels donnaient lieu les acquisitions faites directement sur les indigènes par les colons européens, le législateur a pris diverses mesures et précautions relatives à la rédaction et à la forme des actes. Un arrêté du 2 février 1835 dit que nul acte reçu par les notaires, les cadis ou autres officiers publics de l'Algérie, n'est valable lorsque les parties ne parlent pas la même langue, sans l'entremise d'un interprète traducteur assermenté qui signe comme témoin additionnel. Un second arrêté du 23 août 1839 décide : — Art. 1. Tout acte public ou sous signature privée, rédigé en Algérie par les cadis, rabbins ou autres, ou en pays étranger, autrement qu'en langue française, devra, pour recevoir la formalité de l'enregistrement, être accompagné d'une traduction faite au frais de la partie requérante, certifié par un traducteur assermenté. — Art. 2. Le délai prescrit pour l'enregistrement des actes qui y sont assujettis est prorogé de dix jours à l'égard des actes non écrits en langue française, qui ne seraient point enregistrés au jour de la publication du présent décret. — Art. 3. La mention de l'enregistrement sera apposée sur la traduction, et par duplicata, sur l'original.

Enfin, l'art. 17 de la loi du 16 juin 1851 dit qu'aucun acte translatif de la propriété d'un immeuble appartenant à un musulman au profit d'une autre personne qu'un musulman ne pourra être attaqué pour cause d'inaliénabilité fondée sur la loi musulmane.

Après avoir épuisé les spécialités qui se rattachent à la transmissibilité du droit de propriété en Algérie, il importe de signaler un autre caractère qui lui est encore inhérent, et qui est tellement de son essence que, s'il n'existait pas, la propriété ne serait pas la propriété : nous voulons parler de son inviolabilité. — L'art. 10 de la loi du 16 juin 1851 la proclame en ces termes : La propriété est inviolable, sans distinction entre les possesseurs indigènes et les possesseurs français ou autres. Il existe cependant deux exceptions au principe de l'inviolabilité de la propriété : la première consiste dans le droit qui appartient à l'État, en Algérie comme dans la Métropole, d'exiger le sacrifice d'une propriété privée pour cause d'utilité publique légalement constatée, et moyennant une juste et préalable indemnité ; la seconde consiste dans le droit qui appartient à l'État de séquestrer, dans certains cas, les biens des indigènes.

Nous regrettons de ne pouvoir faire ici l'exposé des régimes successifs de l'expropriation pour cause d'utilité publique en Algérie, mais cette question étant un peu en dehors de notre sujet, nous nous bornerons à dire qu'aujourd'hui on procède à peu près comme en France pour arriver à l'expropriation, qui, pendant longtemps, a été opérée par simple voie de fait, et sans aucune de ces formalités protectrices qui garantissent les droits de la propriété privée.

§ V. *De la propriété indigène.*

L'art. 11 de la loi du 16 juin 1851 se bornait à reconnaître et à maintenir, tels qu'ils existaient au moment de la conquête, les droits de propriété et les droits de jouissance appartenant aux particuliers, aux tribus et aux fractions de tribus.

Une question préjudicielle est celle de savoir si, en droit, la propriété individuelle existe chez les Arabes. On a soutenu que, dans les pays conquis par les musulmans, le sol appartient tout entier à Dieu et au sultan qui est le représentant de l'ombre de Dieu sur la terre ; qu'ainsi les individus ne peuvent avoir sur le sol qu'un droit de jouissance précaire, une sorte d'usufruit et non un droit de propriété. Mais, ainsi que l'a fait observer Dareste, quand le Coran dit que Dieu est le maître de toute la terre et que le sultan est son vicaire, il ne fait qu'exprimer une vérité purement religieuse, et non une règle de droit. Lors de la conquête, la propriété en Algérie était constituée à peu près comme en France. Les Arabes disaient : Cette terre appartient à un tel; je suis fermier d'un tel. Le fermage suppose des propriétaires. Il y avait sans doute en Algérie, comme chez nous, des biens communaux dans les terrains de parcours, mais les surfaces riches sont exactement partagées entre des propriétaires. Ajoutons que l'ancien gouvernement turc, et Abd-el-Kader lui-même, lorsqu'ils ont si souvent pris des terrains, par exemple pour y établir des postes militaires, n'ont jamais manqué de payer des indemnités aux Arabes qu'ils dépossédaient. Dans les tribus kabyles, la propriété est constituée suivant des lois qui paraissent avoir été empruntées aux Romains.

Une importante distinction divise les terres situées en territoire des tribus, en terres *beylik*, terres *melk* et terres *arch*. — 1º Les terres *beylik* sont celles qui appartiennent à l'ancien gouvernement, et qui ont été dévolues au domaine de l'État ; — 2º les terres *melk* sont ainsi appelées lorsque les particuliers et les groupes de population qui les détiennent ont le droit d'en jouir et d'en disposer à leur gré ; — 3º les terres *arch* sont ainsi dénommées alors que, possédées collectivement par une tribu (arch) ou une fraction de tribu, elles ne peuvent s'aliéner et font, en cas de mort ou de disparition de ceux qui les détiennent, retour à la communauté.

Lorsque les terres *beylik* sont affermées purement et simplement à une tribu, elles sont dites *azel* : les tribus qui en ont obtenu la concession des anciens beys sous la condition d'un service militaire sont dites tribus *makhzen*, et les territoires, objet de la concession, *blad-el-makhzen*. Au nombre de ces dernières tribus l'on peut citer les Douairs, les Sméla, les Gharaba, les Bordja dans la province d'Oran, les Hadjoutes dans la province d'Alger. — Les biens des corporations religieuses (Zaouya) s'appellent *blad-el-habous*: ils sont en général affermés.

Lorsqu'une tribu détient son territoire sans titre, en vertu d'une possession immémoriale, et telle est la situation d'un grand nombre de tribus, le législateur de 1851 s'est borné, dans l'art. 16 de la loi qu'il a édictée, à reconnaître les droits des tribus, tels qu'ils existaient au moment de la conquête, ou tels qu'ils ont été maintenus par les traités de soumission, ou réglés par les décisions et les actes de l'administration française, ou enfin constitués par voie d'échange, de translation, etc... Il ne s'est nullement occupé de préciser et de définir ces droits, notamment dans le cas où une tribu détient un territoire sans aucun titre, et seulement en vertu d'une possession immémoriale. Cet état de choses laissait la porte ouverte aux prétentions du domaine : l'incertitude qui planait sur les droits des tribus par rapport aux territoires qu'elles occupaient, et en outre cette considération que lesdits territoires étaient immenses et disproportionnés avec leurs besoins réels, firent naître l'idée d'une transaction. Cette transaction devait consister à restreindre le territoire des populations arabes, et, en échange du sacrifice qui leur serait imposé, à les déclarer propriétaires de la partie qui leur serait laissée... Cette opération, qui reçut le nom de *cantonnement*, avait l'avantage de mettre à la libre disposition de l'administration des terres que celle-ci pouvait ensuite concéder ou vendre et affecter ainsi aux besoins de la colonisation.

On s'aperçut que ces opérations de cantonnement n'avaient en elles-mêmes aucune utilité réelle ; en effet, ce n'étaient pas les terres qui manquaient à la colonisation, mais les colons et les capitaux ; alors pourquoi aurait-on donné suite à des opérations qui avaient l'inconvénient extrêmement grave d'inquiéter les tribus, de frapper de discrédit la propriété arabe, et d'apporter dans le produit des impôts arabes une diminution notable?

L'innovation fondamentale, inaugurée par le sénatus-consulte du 22 avril 1863, est contenue dans l'article 1er qui est ainsi conçu : « Les tribus de l'Algérie sont déclarées propriétaires des terrains dont elles ont la jouissance permanente ou traditionnelle, à quelque titre que ce soit. — Tous actes, partages ou distractions de territoires intervenus entre l'État et les indigènes relativement à la propriété du sol, sont et demeurent confirmés.

L'art. 2 porte ce qui suit : Il sera procédé administrativement et dans le plus bref délai : — 1° à la délimitation des territoires des tribus ; — 2° à leur répartition entre les différents douars de chaque tribu du Tell et des autres pays de culture, avec réserve des terres qui devront conserver le caractère de biens communaux ; — 3° à l'établissement de la propriété individuelle entre les membres de ces douars, partout où cette mesure sera reconnue possible et opportune. — Des décrets impériaux fixeront l'ordre et les délais dans lesquels cette propriété individuelle devra être constituée dans chaque douar.

L'art. 3 dit qu'un règlement d'administration publique déterminera : 1° les formes de la délimitation des territoires des tribus ; 2° les formes et les conditions sous lesquelles la propriété individuelle sera établie, et le mode de délivrance des titres.

Des décrets rendus sur les propositions du gouverneur général de l'Algérie et sur le rapport du ministre de la guerre, désignent les tribus dont il y a lieu de délimiter et de répartir les territoires. Les contestations qui s'élèvent sur les limites entre tribus sont jugées par les commissions, et leurs décisions à cet égard, approuvées par le préfet ou par le général, peuvent être déférées par la voie contentieuse au Conseil d'État, conformément au droit commun. La délimitation du territoire de la tribu n'a lieu qu'après le jugement rendu par la commission sur les limites.

La répartition du territoire délimité de la tribu entre les douars qui la composent est faite immédiatement, en présence des représentants de la tribu et des douars intéressés, par la même commission qui vient de procéder à la délimitation : il est fait réserve des terres de la tribu qui doivent conserver le caractère de biens communaux, lesquels peuvent rester provisoirement indivis entre les douars ou être attribués à l'un ou plusieurs d'entre eux, d'après les usages locaux et les déclarations des intéressés.

Les biens *melk* et les biens *beylik* ne font pas partie de la propriété collective à attribuer aux tribus, et à répartir ensuite entre les douars : les propriétaires des biens melk et les agents du domaine en ce qui concerne les biens beylik situés sur le territoire de la tribu ou des douars doivent, dans le délai de deux mois à partir de la publication du décret qui ordonne les opérations de délimitation et de répartition, former, sous peine de déchéance, leurs revendications devant le président de la commission. Ces revendications sont immédiatement communiquées aux représentants des tribus et des douars intéressés, qui ont un délai d'un mois à partir de cette communication pour former opposition ; ce délai expiré sans opposition, les biens melk et les biens beylik sont acquis aux auteurs de la revendication. Si au contraire il est formé opposition en temps utile, le revendiquant doit, à peine de nullité, former sa demande en justice dans le mois de la communication qui lui aura été faite. Les revendications sont portées devant la juridiction compétente, c'est-à-dire devant le cadi, s'il n'y a que des musulmans en cause, et devant les tribunaux français dans tous les autres cas. L'appel est toujours porté devant la cour d'Alger, par dérogation à l'art. 22 du décret du 31 décembre 1859, aux termes duquel les tribunaux de première instance connaissent des jugements rendus par les cadis jusqu'à un taux déterminé.

Aux termes de l'art. 4 du sénatus-consulte, les rentes, redevances et prestations dues à l'État par les détenteurs des territoires des tribus continueront à être perçues, comme par le passé, jusqu'à ce qu'il en soit autrement ordonné par des décrets rendus en la forme des règlements d'administration publique.

Il résulte de l'article 5, § 1, du sénatus-consulte, que les biens beylik et les biens melk ne doivent pas être compris dans les opérations de délimitation et de répartition; on n'a pas à revenir sur les formes et les conditions de la revendication qui constitue la sanction du droit de l'État sur les biens beylik, et du droit des particuliers sur les biens melk. Le même article § 2 déclare ainsi réservés le domaine public, tel qu'il est défini par l'art. 2 de la loi du 16 juin 1851, ainsi que le domaine de l'État, notamment en ce qui concerne les bois et les forêts.

L'art. 6 du sénatus-consulte prononce l'abrogation du second et du troisième paragraphe de l'art. 14 de la loi du 16 juin 1851 aux termes desquels aucun droit de propriété ou de jouissance portant sur le sol du territoire d'une tribu ne pouvait être aliéné au profit de personnes étrangères à la tribu, sauf toutefois le droit réservé pour l'État seul d'acquérir la propriété ou la jouissance de terrains faisant partie du sol occupé par une tribu, dans l'intérêt des services publics ou de la colonisation, et de les rendre en tout ou en partie susceptibles de libre transmission ; depuis le sénatus-consulte, cette prohibition n'existe plus. Néanmoins, ajoute le susdit article, la propriété individuelle qui sera établie au profit des membres des douars ne pourra être aliénée que du jour où elle aura été régulièrement constituée par la délivrance des titres.

L'article 7 et dernier du sénatus-consulte dispose qu'il n'est pas dérogé aux autres dispositions de la loi du 16 juin 1851, notamment à celles qui concernent l'expropriation pour cause d'utilité publique et le séquestre.

Nous avons dû nous borner à faire l'historique de la colonisation, sans le moindre commentaire, nous réservant de traiter plus tard, dans un ouvrage spécial, cette importante question. Nous aurions été heureux d'expliquer à mesure comment les lois, les décrets, les sénatus-consultes et les arrêts qui se sont succédé dans un laps de temps assez restreint, s'annulaient les uns les autres sans apporter la moindre amélioration au développement de la colonisation.

On a continuellement tourné dans un cercle vicieux, sans rechercher la véritable cause du malaise et du paupérisme de nos colons. On leur donnait ou on leur vendait des terres pour la plupart incultes et qui ne pouvaient être défrichées avantageusement soit par suite de leur situation, soit surtout à cause de la sécheresse. Les malheureux colons, attirés par la promesse d'une concession qu'ils n'obtenaient que difficilement, voyaient bien vite s'évanouir leurs illusions, en présence de l'impossibilité où ils étaient de rendre le sol productif.

Les lourdes charges imposées de prime abord au concessionnaire le mettaient dans l'impossibilité de retirer le moindre bénéfice des travaux indispensables pour le défrichement du sol. N'ayant aucun moyen de crédit par suite de la situation qui lui était faite par le législateur, il devait soit renoncer à la concession, soit chercher un prêteur qui lui permît de continuer l'exploitation. Vu la difficulté de trouver à cette époque un capitaliste européen, le colon devait forcément s'adresser au Juif, qui avait déjà réussi par un commerce illicite à accaparer une grande partie de l'argent apporté par nos nationaux.

Il ne faut pas croire toutefois que, malgré le taux exorbitant exigé du prêteur, ce vil usurier mettait sa bourse à la merci de tous les colons européens. Pour arriver à la fortune, il ne devait prêter qu'à coup sûr. Or, il savait que, lorsqu'un concessionnaire était dépossédé, on lui tenait compte de la plus-value donnée à la terre par lui défrichée, et cette plus-value était généralement assez importante, par cela seul que l'estimation première du sol était fort limitée. C'était donc sur cette garantie que le Juif prêtait ses capitaux à deux ou trois cents pour cent (1). C'était un vol manifeste, qu'un gouvernement plus éclairé

---

(1) Pour duper plus facilement son naïf emprunteur, le Juif faisait en sorte de ne jamais prêter en espèces. Il livrait des marchandises au lieu d'argent, et outre le taux exorbitant, il estimait les susdites marchandises bien au-dessus de leur valeur.

eût empêché dès le principe. On ignorait malheureusement dans quelles conditions prêtait le Juif, et on ne savait pas de quelle garantie il entourait son prêt : notre bonne foi nous portait à croire qu'il prêtait indistinctement à tous les concessionnaires, et que ses chances de perte le mettaient dans l'obligation d'exiger un taux fort élevé.

Le législateur croit apporter une amélioration à la situation du colon, en lui donnant la propriété sous condition résolutoire, au lieu de la lui donner sous condition suspensive. En droit, avec la condition résolutoire, le concessionnaire devient immédiatement propriétaire; mais s'il ne remplit pas les conditions qui lui sont imposées, la vente est résolue de plein droit,—tandis qu'avec la condition suspensive, il ne peut devenir propriétaire qu'après avoir rempli toutes ces conditions. Or, au point de vue de la garantie, quelle différence y a-t-il entre celui qui est propriétaire d'un immeuble qu'on peut lui enlever s'il ne remplit pas les charges imposées et celui qui ne peut devenir propriétaire du dit immeuble qu'après avoir rempli ces mêmes charges? Il n'y en a certainement aucune, et la situation du prêteur est absolument la même. Dans de semblables conditions, plusieurs colons durent renoncer à cultiver les terres à eux concédées; ils cherchèrent à les vendre, soit aux Arabes, soit aux cultivateurs européens qui apportaient quelques économies; quelques-uns même ne demandèrent des concessions qu'après en avoir trouvé le placement. C'était alors à l'acquéreur qu'incombaient les charges imposées au concessionnaire.

Le Juif ne cherchait jamais à devenir propriétaire de la terre hypothéquée par lui. D'une part il faisait rapporter à son argent un taux trop élevé pour le remplacer par des immeubles, d'autre part il craignait de voir un jour l'Arabe reconquérir son ancien territoire, et il avait tout à craindre d'un si redoutable maître. La vente avait du reste lieu aux enchères publiques, et comme créancier, il touchait directement la somme provenant de la plus-value donnée à l'immeuble. C'était la ruine complète pour le malheureux colon, qui mourait de faim et de misère sur ce sol arrosé de son sang.

Pour le protéger de l'Arabe, le Juif comptait non seulement sur nos troupes, mais aussi sur nos nationaux commerçants et cultivateurs. Dans le sud surtout, il était venu s'abriter dans les villages français, sachant très bien que l'Arabe ne viendrait pas l'y dénicher. Sa sécurité était moins assurée que dans les grands centres, mais sa situation était plus lucrative, et il ne pouvait de son propre gré renoncer à l'exploitation de nos colons. Il est regrettable que ceux-ci ne l'aient pas livré à ces indigènes prêts à l'anéantir; il eussent ainsi débarrassé notre colonie d'un terrible fléau et ouvert peut-être les yeux de nos gouvernants! A ce moment le Juif était bien peu de chose, et il devait se borner à profiter de nos fautes pour nous voler, tandis qu'aujourd'hui il est presque à la tête de nos destinées.

Voyant les inconvénients des concessions, le législateur croit trouver un remède en les remplaçant par la vente des biens domaniaux.

Désormais les concessions ne seront données qu'exceptionnellement, à la seule condition de bâtir, et les autres terres seront vendues, soit de gré à gré, soit aux enchères publiques. Le prix sera payable en cinq annuités, le premier étant exigible le jour de la vente. Le législateur a encore fait fausse route, et, au lieu d'améliorer, il a aggravé la situation du colon. Ce n'est plus seulement le fruit de ses économies qu'il perdra, mais aussi son capital. A part de rares exceptions, l'acquéreur ne retirera aucun revenu du sol acheté pendant les cinq premières années. Ce sera donc avec ses seuls deniers qu'il pourra payer le prix de vente. En outre, pendant ces cinq années, il devra, avec les frais de nourriture et d'entretien pour lui et les siens, faire de nombreuses dépenses pour les plantations et l'irrigation de ses terres.

Que va-t-il résulter de ce nouvel état de choses ? A moins d'avoir une grande fortune et des terres avantageusement situées, le nouvel agriculteur marchera à une ruine certaine. Nos lecteurs qui connaissent l'Algérie savent que dans la majeure partie de notre colonie, on ne trouve que difficilement l'eau nécessaire aux premiers besoins, et a *fortiori* l'eau indispensable pour l'irrigation. Aujourd'hui encore le touriste qui se rend d'Alger à Constantine doit être étonné de la nudité du sol. On ne rencontre que quelques marais fort malsains et on ne trouve pas un seul arbre pour reposer la vue : de chaque côté on ne voit que des plaines incultes et des montagnes escarpées. Les voies ferrées et les quelques chemins vicinaux qui relient entre eux les centres les plus importants n'existent que depuis fort peu de temps ; aussi il est facile de se rendre compte de la difficulté qu'il y avait autrefois à se procurer, soit les matériaux pour construire, soit les instruments aratoires pour défricher les terres. On peut prévoir par là l'impossibilité où se trouvait le colon de travailler lucrativement dans ces terres achetées à vil prix. Ses chances de succès n'étaient basées que sur un hasard providentiel ; — les pluies indispensables ne viennent en effet que rarement détremper les terres complètement desséchées.

Le cultivateur avait bien vite dépensé ses économies, soit pour payer le prix d'achat, soit pour faire face aux premiers frais nécessités pour le défrichement, soit enfin pour acheter les semences, et il se trouvait dans l'impossibilité de continuer la culture, faute de moyen de crédit. Généralement même, il se trouvait sans argent, avant d'avoir entièrement payé ses terres. Dans l'espoir de se tirer d'affaires, il cherchait alors un prêteur, et était contraint de se plier à ses exigences. Ce prêteur était le Juif, toujours disposé à arracher les dernières dépouilles aux malheureuses victimes qui tombaient entre ses mains. Après avoir fourni l'argent nécessaire pour compléter le paiement des terres, il attendait que le colon ait donné au sol une plus-value sensible, pour lui demander le remboursement immédiat. Celui-ci ne pouvant s'exécuter, était poursuivi par son vil créancier, à qui il avait reconnu devoir une somme de beaucoup supérieure à celle avancée; les immeubles étaient vendus par voie judiciaire, et devenaient la propriété du Juif pour le montant de sa créance. Celui-ci les revendait de nouveau à un cultivateur arrivant de France avec quelques ressources. Ce dernier payait rarement comptant et se trouvait par suite, dès son arrivée, débiteur du Juif, qui procédait avec lui comme il avait fait avec son prédécesseur. C'est du reste par ce procédé que cet être, voleur et hypocrite, accaparait la majeure partie de l'argent de nos nationaux.

Loin de faire des progrès, la colonisation allait chaque jour en diminuant; les colons rentraient en France ruinés, et les terres restaient incultes; d'un autre côté le budget de l'Algérie se chiffrait tous les ans par un déficit de plusieurs millions. On voyait le mal, mais on ne cherchait pas le remède. Les lois et décrets se succédaient sans apporter la moindre amélioration. On semblait ne pas comprendre l'impossibilité pour un colon de cultiver fructueusement une terre brûlée par la chaleur sans le moindre cours d'eau pour l'irriguer.

Depuis la conquête de l'Algérie, le mode de colonisation n'a pas sensiblement changé, et nous ne craignons pas de dire qu'après cinquante ans d'occupation, nous ne sommes pas encore arrivés à la colonisation. Nous devons reconnaître toutefois que, grâce à la culture de la vigne, notre colonie donne aujourd'hui un revenu assez satisfaisant, mais qui pourrait se quintupler plusieurs fois. Ce progrès n'est malheureusement pas dû à l'intervention du gouvernement en vue de faciliter la culture de ce sol qui pourrait être très fertile, ni à la protection qu'il accorde au colon contre le Juif usurier.

Lorsque la sécurité fut complètement assurée, quelques riches capitalistes européens achetèrent de vastes étendues de terrains avec l'intention d'y planter de la vigne. Ils choisirent autant que possible les terres les plus avantageusement situées, et y firent creuser des canaux pour pouvoir les irriguer facilement. Ils plantèrent alors des vignes, qui, aujourd'hui en pleine prospérité, sont une grande ressource pour la Métropole.

Malgré ce résultat avantageux, nous avons le regret de constater que cette exploitation est faite par des capitalistes, qui sont plutôt des industriels que des agriculteurs, et cela au détriment du malheureux colon. Ce que nous aurions désiré avant tout, c'est de voir le concessionnaire ou le petit acquéreur mis en mesure de cultiver sa terre et d'en retirer, par son travail, un certain revenu. Pour cela, il fallait l'appui du gouvernement, et nous constatons à regret qu'il n'a rien fait pour celui qui devait le plus contribuer au développement de la colonisation. Du reste, malgré l'arrivée en Algérie des capitalistes dont nous parlions plus haut, il reste encore beaucoup de terres incultes, qui ne deviendront fertiles qu'à la suite de travaux très onéreux que n'entreprendront jamais de simples particuliers. Nous espérons donc qu'on comprendra l'importance de ces travaux que nous allons spécifier, lorsqu'on se rendra compte de ce que rapporte la faible partie de l'Algérie actuellement cultivée.

Lors de l'aliénation des terres domaniales, soit par concession, soit par un des autres modes indiqués dans notre historique, on a négligé la principale question, je veux parler de l'impossibilité où allait se trouver le colon de défricher ces terres neuves. Il ne suffisait pas en effet de donner des concessions à ceux qui en faisaient la demande, il importait avant tout, dans l'intérêt même de la colonisation, de leur donner les moyens de les cultiver fructueusement.

Pendant les premières années qui suivirent la conquête, les concessions même entièrement gratuites n'auraient pu être considérées comme un don, par cela seul qu'à cette époque, aucun acquéreur n'aurait voulu acheter une terre qu'il devait cultiver en soldat avec la perspective probable d'une dépossession. Quel résultat par suite pouvait-on espérer de concessions avec des charges accablantes? Comment ces hommes sans ressources se procureraient-ils la première mise de fonds indispensable pour la culture des terres, alors que par les divers modes de concessions, on leur enlevait tout moyen de crédit? Comment correspondraient-ils avec les habitants des grands centres, alors qu'il n'existait dans toute la colonie aucun chemin praticable pour des véhicules? Telles étaient, à notre avis, les questions qu'auraient dû se poser nos représentants.

Le gouvernement français voulait faire des économies, espérant que les nombreux travaux nécessaires pour le développement de la colonisation se feraient d'eux-mêmes. Il ne comprenait pas que ces travaux lui incombaient; il ne voyait pas que c'était là un excellent placement pour la France, qui, au bout de quelques années, aurait retiré de ce sol africain des revenus considérables.

Il est facile de constater que, si la dette publique a toujours été en augmentant, cette augmentation n'a jamais été due à des travaux qui, tout en étant d'une grande utilité, devaient aussi être d'un grand rapport. Nous allons donc chercher le remède en indiquant de quelle manière, à notre avis, il aurait fallu procéder.

La première préoccupation du gouvernement, pour arriver à la colonisation dans un pays presque impraticable, devait être de relier les divers points par des voies de communication, telles que des routes ou des chemins vicinaux. Ces travaux ne pouvaient évidemment se faire qu'après la conquête complète de l'Algérie, c'est-à-dire après 1840, mais c'est aussi à partir de cette époque que nous allons essayer de tracer le seul moyen propre à donner un bon résultat. Grâce aux nombreux ouvriers, tant indigènes qu'Européens, que nous avions sous la main, ces travaux auraient pu être exécutés à peu de frais et à bref délai, en évitant autant que possible pour ces premiers tracés les grands accidents de terrain. Le principal but devait être de faciliter le transport des matériaux nécessaires à la construction de villages français, et de favoriser l'importation d'abord, l'exportation ensuite. Plus tard, à mesure que le besoin s'en serait fait sentir, on aurait créé de nouvelles voies qui auraient permis de circuler facilement dans toute l'Algérie.

Ce premier point a été complètement négligé; on s'est borné à relier entre elles les villes les plus importantes, mais on n'a ouvert aucun débouché aux milliers de colons, qui habitent le sud de notre colonie, et qui, aujourd'hui encore, sont obligés de faire leurs transports à dos de cheval ou de mulet. Les touristes qui ont visité l'Algérie dans ces dernières années, ont pu voir avec quelle difficulté on pénètre jusqu'à certains villages européens, qui ne sont reliés à un chemin, distant quelquefois de 40 et 50 kilomètres, que par un sentier étroit et impraticable même pour le plus léger véhicule.

Il était ensuite du devoir de nos représentants qui se trouvaient sur les lieux de faire connaître au gouvernement français l'état de sécheresse de la majeure partie des terres domaniales en expliquant l'impossibilité pour le colon de les irriguer. A part quelques sources abondantes, il est assez difficile de se procurer l'eau nécessaire aux premiers besoins; on ne rencontre que de rares rivières disséminées et peu profondes, et dont la plupart sont complètement à sec pendant tout l'été. En revanche, les marais sont très nombreux; les lauriers-roses qui y poussent en quantité, sont une des principales causes de ces fièvres intermittentes qui frappent la plupart de nos colons.

Le remède était cependant fort simple. Nous ne parlerons pas de la mer intérieure qui eût été un projet irréalisable à cette époque, nous réservant du reste de dire quelques mots sur cette importante question à la fin de ce chapitre; — mais il y avait d'une part le reboisement et d'autre part la création de canaux. Ces travaux indispensables ne pouvaient être faits par des colons sans ressources. Le reboisement même, qui ne nécessite que des frais insignifiants en France, est fort coûteux en Algérie. Pour préserver les jeunes plants de la chaleur, il faut les abriter avec soin pendant les premières années. Or, les colons qui n'avaient pas même l'argent nécessaire pour acheter soit les semences, soit les instruments aratoires, étaient par suite dans l'impossibilité matérielle de s'occuper de plantations d'arbres. Il fallait du reste boiser une grande partie du territoire algérien, pour préserver l'autre partie de cette sécheresse destructive.

C'était également à l'État qu'il appartenait de faciliter les irrigations en créant de nombreux canaux. Malheureusement on ne s'est jamais préoccupé des moyens à employer pour rendre fertile ce sol qu'on allait vendre ou donner à ceux qui se présenteraient pour le cultiver. On croyait sans doute que le labeur des colons suffirait à fertiliser ces terres arides, et on espérait que, dès les premières années, notre nouvelle colonie allait être d'un grand rapport pour la France. S'il en était ainsi, les illusions ont dû être nombreuses, car chaque année l'Algérie nous coûte plusieurs millions, et cela parce que nous avons toujours reculé devant un sacrifice qu'il faudra certainement faire un jour.

Nous arrivons enfin aux modes d'aliénation des terres domaniales, la vente et la concession, et nous allons en faire connaître les graves inconvénients.

Nous ne remonterons pas aux premiers modes de concession, qui, ainsi qu'on a pu le voir dans notre historique, étaient absolument impraticables, et nous arrivons tout de suite à la concession, faite sous les seules conditions qu'on bâtira des maisons et des granges, qu'on habitera lesdites maisons et qu'on cultivera les terres concédées.

Nous ne craignons pas de dire de prime abord que le cultivateur qui aura obtenu une concession dans ces dernières conditions sera forcément obligé à bref délai d'avoir recours au Juif et que celui-ci le ruinera toujours. Quelle est en effet la situation du colon français ayant quelques milliers de francs d'économie et venant solliciter une concession ? Il est obligé pendant plus d'un an de faire démarches sur démarches et de se rendre plusieurs fois, soit au bureau du gouvernement à Alger, soit au ministère à Paris. Après l'avoir obtenue, il a déjà dépensé une partie de son capital. On lui donne *toujours* cette concession dans un endroit impraticable, où il est obligé de tracer lui-même quelques sentiers étroits ; cela fait, il doit *immédiatement* bâtir. Où trouvera-t-il des ouvriers maçons, menuisiers, charpentiers ? — Dans les grandes villes, et leurs voyages sont payés en conséquence (1). Comment fera-t-il transporter les matériaux nécessaires? A dos de cheval et de mulet; or ces modes de transport sont toujours très longs et par suite fort coûteux. Pour construire, le concessionnaire a dépensé environ 5,000 fr. et c'est généralement le montant de ses économies. Prenons-en un plus riche et poursuivons. Après avoir bâti, il doit défricher les terres. Il lui faut alors acheter des animaux, des instruments aratoires et des semences; il lui faut enfin vivre et faire vivre les siens. C'est une dépense annuelle de plus de 1,000 fr., et il ne peut de longtemps encore compter sur une récolte, même très faible. Lorsque ces dépenses se sont renouvelées pendant plusieurs années, comme notre colon, bien que riche, n'est pas tout à fait un Crésus,

---

(1) Le nombre des ouvriers était autrefois fort limité en Algérie, et ceux-ci n'habitaient que les grandes villes. Lorsqu'ils étaient appelés dans l'intérieur de l'Algérie, ils exigeaient un fort salaire. Il arrivait par suite que pour la construction d'un petit immeuble, qui par sa situation même ne devait avoir qu'une valeur insignifiante, il fallait payer les ouvriers plus cher qu'à Paris.

il s'aperçoit bientôt qu'il a épuisé jusqu'à ses dernières ressources.

La terre n'est cependant pas encore sa propriété : il n'a pas le titre définitif, et il ne peut ni vendre ni hypothéquer. Que va-t-il faire ? Abandonner la concession, et profiter de la plus-value, cela n'est pas probable, puisque, outre son labeur, il a dépensé une somme de beaucoup supérieure à l'estimation approximative de cette plus-value. Il cherche alors à emprunter, et à défaut d'autres capitalistes, il s'adresse au Juif. Celui-ci, le voyant pris dans ses filets, ne le lâche plus, et l'oblige à accepter des conditions ruineuses. L'argent du prêt lui sert encore à acheter les choses indispensables à la culture de ses terres, et, grâce aux nombreux frais qu'il a été obligé de faire, il devine déjà le moment où sa concession va lui donner des revenus à proportions. Malheureusement il oublie son créancier, et celui-ci se présente toujours dès que la terre est en plein rapport. Malgré le taux usuraire de son prêt, malgré les supplications du colon qui lui promet de le payer largement, intérêt et capital, grâce aux produits de la concession hypothéquée, celui-ci ne veut rien entendre, et il commence aussitôt des poursuites judiciaires. La vente a lieu devant le tribunal, et il devient généralement adjudicataire pour la minime somme dont il était créancier. Cette concession est alors revendue par le Juif à un nouveau colon, qui, plus tard, sera également sa victime.

Voilà dans quelles conditions avaient lieu et ont lieu encore aujourd'hui les concessions en Algérie! C'est la ruine pour les colons, c'est une grave atteinte portée à la colonisation, c'est une perte pour la France, mais c'est d'une grande utilité pour le Juif qui dévore d'autant plus facilement sa proie qu'il la trouve presque sans vie.

Quant à la vente, dont le prix est payable en cinq annuités, elle offre également de sérieux inconvénients. Le colon qui n'apportera pas avec lui un assez fort capital se trouvera dans l'impossibilité d'effectuer les paiements annuels, du moment où, comme dans le cas précédent, il ne pourra compter sur la vente des récoltes. Il tombera à bref délai entre les mains des Juifs, qui l'exploiteront et deviendront propriétaires des terres achetées et défrichées par lui.

Pour faciliter le développement de la colonisation, le gouvernement français devait faire exécuter les travaux dont nous venons de parler, — créer diverses voies de communications, — boiser une partie du territoire algérien et creuser des canaux. — La culture n'était possible qu'à ces conditions. Il devait ensuite concéder des terres aux colons français, en leur imposant la seule charge de les cultiver.

Pendant les premières années qui suivirent la conquête, on ne pouvait espérer avoir en Algérie de riches colons, abandonnant leur situation en France, pour venir défricher des terres neuves dont la propriété ne leur était pas assurée. On ne trouvait donc que d'anciens militaires ou des colons français qui, n'ayant pas de fortune, auraient été heureux de se créer un petit patrimoine par le travail ; — aussi devait-on, dans l'intérêt même de la colonisation, non seulement leur donner les terres, mais aussi leur fournir les moyens de les cultiver. En procédant de la sorte, on eût permis au colon travailleur de rendre productif ce sol autrefois inculte. Malgré les nombreux obstacles qu'il avait rencontrés, il ne se serait pas laissé décourager, en se voyant soutenu par le gouvernement ; il aurait compris en effet que son travail lui rapporterait plus tard une petite fortune, et cette espérance eût été pour lui le meilleur stimulant.

A ces premiers colons seraient venus s'adjoindre, au bout de quelques années, de nouveaux cultivateurs français. En présence du résultat obtenu par leurs prédécesseurs, ils n'auraient plus hésité à venir arroser de leurs sueurs ces terres neuves qu'ils savaient productives. Les demandes seraient même devenues tellement nombreuses, qu'on aurait pu bientôt procéder à la vente des terres domaniales dans des conditions spéciales.

On aurait vendu chaque lot pour un prix déterminé payable en trente, quarante ou cinquante ans. L'État aurait en outre facilité les moyens de crédit pour la culture.

En procédant de la sorte, la France aurait déjà retiré un revenu considérable de l'Algérie, et nos colons s'y seraient enrichis. Comme garantie toutefois contre les gens paresseux qui auraient négligé les terres concédées ou achetées dans les conditions ci-dessus spécifiées, on se serait réservé le droit de les déposséder. Il était évident en effet que, faisant de grands sacrifices pour le développement de la colonisation, l'État ne pouvait compter que sur des colons disposés à faciliter sa tâche.

A côté de ces agriculteurs pauvres, mais laborieux, de riches propriétaires, venus de la Métropole, se seraient certainement rendus acquéreurs de vastes étendues de terrains, où ils auraient fait des plantations de vignes et autres, ce qui eût augmenté dans des proportions considérables la richesse de notre colonie.

On aurait pu en outre créer des écoles d'agriculture et y envoyer une partie des enfants abandonnés, qui ne rencontrent souvent, à leur entrée dans la vie, que la misère, et qui par suite deviennent fatalement des voleurs ou des assassins. En sortant de l'école, l'État leur eût donné à chacun une concession qu'ils auraient cultivée fructueusement, du moment où ils avaient fait des études spéciales. Ces malheureux enfants se seraient créé une famille par le mariage, et, au lieu de la misère des villes, ils auraient trouvé par le travail le bien-être des campagnes.

Voilà, à notre avis, comment on aurait dû procéder à la colonisation de l'Algérie. Au lieu de cela, on a mis, dès le début, le colon dans l'impossibilité de retirer le moindre bénéfice des terres à lui concédées; on lui a imposé en outre des charges trop lourdes qui devaient fatalement le conduire à la ruine. C'est du reste pour ce motif qu'aujourd'hui encore une grande partie des terres d'Algérie sont incultes. Qui donc oserait se rendre adjudicataire de ces vastes étendues de terrains complètement dénudés et qu'il est impossible d'arroser? Ce serait s'exposer à un réel danger, car les immenses travaux qui doivent faciliter les irrigations ne peuvent être à la charge des particuliers ; ils sont de ceux qui, par leur nature même, doivent incomber à l'État.

En résumé, nous possédons l'Algérie depuis plus de cinquante ans, et cependant cette colonie, malgré sa proximité de la France, nous coûte chaque année plusieurs millions. La plupart de nos colons y ont laissé leur petite fortune : les uns ont dû, après avoir fait de nombreuses dépenses, abandonner les terres concédées ou vendues, parce que leur état de sécheresse les rendait improductives ; les autres, après avoir surmonté les obstacles et donné de la valeur à leurs concessions, ont été poursuivis par le Juif, et après avoir été dépouillés, ils sont revenus en France entièrement ruinés.

A part quelques concessions plus favorisées à divers points de vue et les terres achetées par des compagnies ou de riches particuliers pour y faire la culture de la vigne, nous retrouvons encore, en différents endroits, l'Algérie de 1830. On ne pénètre que difficilement dans le sud de notre colonie en traversant les ravins et en escaladant les montagnes; là, on rencontre à chaque pas d'immenses plaines qui n'ont jamais été défrichées. Les Arabes y vivent isolés, semblant presque ignorer qu'ils sont sous la domination française.

Il est permis de se demander pourquoi le gouvernement français a toujours reculé devant des dépenses aussi nécessaires et destinées à rendre productif un sol que des milliers de colons demandaient à défricher, alors surtout qu'il savait devoir retirer plus tard de cette culture un impôt considérable? A-t-il voulu faire des économies, ou a-t-il espéré que ces travaux se feraient d'eux-mêmes? Lorsqu'on songe à tous les millions qui depuis quelques années ont été si follement dissipés par nos gouvernants, n'est-on pas autorisé à dire qu'on ne saurait songer à faire des économies pour des travaux indispensables, et l'on peut même se demander si nos ministres ne sont responsables que de leur mauvaise administration?

A côté de ces travaux, il en est un autre qui s'impose aujourd'hui : nous voulons parler d'une mer intérieure qui aurait pour lit le désert du Sahara. On ne se trouve plus, comme certaines personnes l'ont prétendu, en présence de l'impossible : le Sahara a déjà été une mer et il redeviendra une mer, parce que cela s'impose dans l'intérêt même de la colonisation. Pour ce travail qui semble gigantesque, si l'on voulait, l'on trouverait en Algérie un nombre de bras considérable, et quelques années suffiraient pour le rétablissement de cette mer.

Malheureusement en France, on néglige trop les colonies, qui, tout en nous coûtant fort cher, ne rapportent qu'à nos voisins, sinon à nos ennemis. Relativement au projet de mer intérieure, nous avons ouï dire par des hommes politiques connus que c'était là un travail inutile, du moment où tôt ou tard, après quatre ou cinq siècles, les sables combleraient encore cette mer qui redeviendrait désert. Moins prévoyant qu'eux, nous ne nous préoccupons pas de ce qui arrivera dans plusieurs siècles, et nous nous bornons à dire que nos gouvernants n'ont jamais su utiliser ce qui nous appartenait et que par leur bêtise, la France s'est toujours endettée là où elle devait s'enrichir.

Nous aurions désiré approfondir cette importante question, mais nous ne pouvons nous éloigner plus longtemps de notre sujet ; nous nous réservons toutefois de traiter plus tard de la *colonisation*, et de nous étendre sur cette mer intérieure, dont l'utilité nous semble incontestable.

Nous avons cherché à démontrer combien étaient mauvais nos divers modes d'aliénation ; nous en avons fait connaître les résultats, et nous avons dit enfin les moyens employés par le Juif pour ruiner nos naïfs colons, qui n'ont jamais été protégés par les représentants du gouvernement français. Bien que résumé, ce chapitre était indispensable pour bien faire comprendre à nos lecteurs comment la naïveté de nos premiers représentants a dégénéré sous leurs successeurs en complicité avec les Juifs.

CHAPITRE V

L'ARABE EXPLOITÉ PAR LE JUIF

Il ne suffisait pas aux Juifs d'accaparer les concessions que nos malheureux colons avaient arrosées de leurs sueurs pour les revendre à de nouveaux propriétaires qui devaient plus tard être leurs dupes, ils convoitaient aussi la fortune des Arabes. Ils n'ignoraient pas cependant de quelle haine légitime ceux-ci étaient animés à leur égard, aussi ne s'éloignaient-ils jamais des villages français !

Pour extorquer de l'argent aux Arabes, les Juifs épiaient toutes les occasions qui pouvaient se présenter. Les moyens les plus usités étaient l'usure, l'espionnage, la prostitution et l'abus de pouvoir (1).

L'Usure. — Les Juifs assistaient à toutes les audiences, et lorsqu'ils entendaient prononcer une amende contre un Arabe, ils le guettaient à la sortie, et lui faisaient des offres d'argent pour payer dans les délais voulus. Cette proposition répugnait au condamné, mais la plupart du temps il était obligé de s'y soumettre pour éviter des frais de justice. Dans ce cas, le Juif exigeait en paiement la cession d'une partie de la récolte de son emprunteur. Il prêtait généralement à un taux de 500 pour 100, et l'Arabe était obligé de lui consentir la vente de son blé, jusqu'à con-

---

(1) Nous pourrions ajouter la tentative d'expropriation de l'Arabe par le Juif, mais nous aurions été obligé de répéter ce que nous avons dit au sujet du colon français. Toutefois le Juif était encore plus voleur avec l'Arabe qu'avec l'Européen.

Il est arrivé à des Juifs de se procurer pour une somme infime des propriétés valant de 15 à 20,000 francs. Lorsque les immeubles se vendaient judiciairement, ils faisaient en sorte qu'il ne se présentât d'enchérisseurs pour les avoir à vil prix, et ils étaient créanciers du montant de l'adjudication.

currence de la somme fixée. On faisait alors une estimation qui était toujours inférieure à la valeur réelle du blé au moment de la récolte. Par exemple, si le Juif avançait 50 fr. à l'Arabe, il se faisait céder sur la récolte prochaine quatre-vingts ou cent mesures de blé qu'il évaluait environ 2 fr. 50 l'une, alors que le cours ordinaire était toujours de 3 fr. 50 à 4 fr. A côté de ce prêt usuraire que nous ne craignons pas de qualifier de vol, il réalisait encore un bénéfice sur l'estimation.

Pour leur exploitation, les Arabes devaient faire leurs acquisitions chez les marchands juifs ; s'ils n'avaient pas d'argent, ceux-ci leur prêtaient dans les mêmes conditions. Il en était encore ainsi pour les petits commerçants arabes, qui, pour payer leurs fournisseurs, avaient souvent besoin de la bourse du Juif. Si la garantie ne paraissait pas suffisante à ce cupide prêteur, il achetait à vil prix les objets fabriqués par les Arabes et les revendait ensuite à nos nationaux, ou les expédiait à ses coreligionnaires en France.

L'Espionnage. — Dans tous nos marchés

algériens, le Juif surveillait attentivement l'Arabe. Dès que celui-ci commettait la moindre infraction aux règlements, l'espion s'approchait de lui, et le menaçait de porter plainte, s'il ne lui donnait une somme déterminée. L'Arabe était réduit à s'exécuter. Le Juif avait-il connaissance qu'un délit ou un crime avait été commis, immédiatement il s'approchait du délinquant, et lui demandait d'acheter son silence. D'autres fois, il servait d'intermédiaire entre les deux parties, et se faisait payer son intervention. Le Juif devenait un espion très redoutable pour l'Arabe, qui était continuellement obligé de payer fort cher ce vil dénonciateur.

De la Prostitution. — Parmi nos indigènes, quelques-uns possèdent une grande fortune ; tous les fonctionnaires administratifs et judiciaires sont généralement riches. Auprès de ceux-ci, le Juif ne pouvait faire l'usure, ni employer l'espionnage. Il devait donc trouver un nouveau procédé pour se faire donner de l'argent. Un seul était à sa portée, la prostitution de sa femme et de ses filles. L'Arabe est très luxurieux et ne peut que difficilement se priver de femmes. Or, lorsque les fonctionnaires indigènes étaient appelés au chef-lieu d'arrondissement ou de canton pour leur service, et qu'ils étaient obligés de séjourner plus d'un jour, ils ne pouvaient satisfaire leurs passions qu'avec les Juives, à moins d'aller dans les maisons de prostitution.

Le Juif qui se tenait toujours aux aguets venait lui-même trouver l'Arabe, et moyennant un prix qu'il basait sur la fortune du fonctionnaire, il lui livrait sa femme ou sa fille. D'autres fois, si l'Arabe ne se prêtait pas volontiers aux intentions du Juif, celui-ci envoyait une de ses femelles et faisait constater le flagrant délit. Il menaçait alors de poursuites le fonctionnaire arabe qui, pour ne pas perdre sa place, versait une forte somme.

L'Abus du pouvoir. — Les Juifs qui refusaient de s'enrôler dans nos régiments, sollicitaient au contraire toutes les places serviles auprès des fonctionnaires français. Ils parviennent assez facilement à se faire accréditer auprès de nos administrateurs, de nos contrôleurs, de nos receveurs particuliers, etc., qui les acceptent comme chaouchs ; quelques-uns même obtiennent ces fonctions près de nos tribunaux et de nos justices de paix.

Le chaouch est un domestique privé, qui, dans maintes circonstances, doit servir d'interprète. C'est par son intermédiaire que les indigènes font leurs réclamations à nos fonctionnaires. Cette simple explication fait prévoir déjà le rôle que va jouer le chaouch juif vis-à-vis les sollicitants arabes.

Nous parlerons d'abord des chaouchs attachés aux tribunaux ou aux justices de paix. Salariés par l'État, leur rôle est le plus important dans la domesticité.

Lorsqu'un délit ou un crime est commis dans un douar, le cheick doit aviser le magistrat français et lui adresser un rapport écrit. La plupart du temps, il envoie le rapport par le plaignant, et oblige l'inculpé à l'accompagner. En arrivant, l'Arabe remet l'écrit cacheté entre les mains du chaouch et lui fournit toutes les explications nécessaires. Si l'affaire est d'une minime importance, le Juif essaie de mettre les parties d'accord, en expliquant au plaignant qu'il ne lui sera accordé aucune indemnité et en disant à l'inculpé, qu'outre la prison, il sera condamné à une amende et à tous les frais. Si le chaouch arrive à une entente, il supprime le rapport et touche pour son intervention une large rétribution. D'autres fois, il arrive que plusieurs indigènes attendent impatiemment leur tour pour parler au magistrat, quelquefois ils sont obligés de rester un ou deux jours pour obtenir l'audience demandée. Dans ce cas, le chaouch leur propose, moyennant une indemnité qui varie entre 5 et 20 fr., de les faire passer dans les premiers : c'est par ce procédé que le Juif vole le plus facilement l'Arabe. Il n'est pas rare en effet de voir le matin à la porte de nos tribunaux ou de nos justices de paix, deux ou trois cents indigènes, et parmi eux, il en est toujours plusieurs disposés à payer pour ne pas être obligés d'attendre.

Enfin, lorsque dans une instruction préliminaire, le chaouch est chargé de traduire au juge les explications du plaignant, il ne craint pas de tromper la bonne foi du magistrat français, si l'inculpé lui a versé une somme proportionnée au service rendu (1).

Les administrateurs, les receveurs particuliers et les autres fonctionnaires français sont également sujets à de très fréquentes réclamations de la part des Arabes, et ceux-ci doivent encore s'adresser au chaouch, qui agit pour ou contre le demandeur, suivant la rémunération qu'il a touchée. Il n'est pas rare même, sur le refus de l'Arabe de donner de l'argent au chaouch Juif, de voir celui-ci refuser l'entrée des bureaux. On le voit même se venger de son ancien maître, en le brutalisant lâchement, parce qu'il sait être protégé par les autorités françaises.

Nous ne saurions nous étendre plus longuement sur cette exploitation de l'Arabe par le Juif, et nous avons dû nous borner à faire con_

(1) Parmi les interprètes attachés aujourd'hui aux tribunaux et aux justices de paix, un grand nombre sont Juifs. Avec de tels auxiliaires, le magistrat qui ne comprend pas la langue arabe est souvent obligé d'abandonner une instruction, par suite de la complicité de son interprète avec les inculpés.

naître les moyens les plus usités. Nous ne sommes pas encore arrivé à la naturalisation du juif indigène de l'Algérie, et cependant nous le trouvons déjà fier et arrogant avec l'Arabe. Nous avons assisté fréquemment à des scènes révoltantes entre certains chaouchs et des Arabes. Les premiers, après s'être fait payer un service qu'ils ne rendaient pas, frappaient brutalement et blessaient même ces malheureux Arabes, qui ne ripostaient pas, convaincus d'avance, qu'ils auraient toujours tort auprès de nos représentants.

La situation de l'Arabe devenait d'autant plus intolérable, qu'elle lui était rendue telle par cet être lâche et sans vergogne, qui autrefois venait ramper devant lui. Ne pouvant obtenir gain de cause, il était contraint de se révolter contre notre domination aveugle.

Le sénatus-consulte du 12 juillet 1865 fut accueilli très favorablement par nos indigènes. Bien que placés au même rang que les Juifs, ils espéraient que nous leur rendrions justice lorsqu'ils nous auraient montré leur supériorité. Il ne devait malheureusement pas en être ainsi, et l'hypocrisie des uns leur a valu des droits qui ne devaient être accordés qu'à la bravoure des autres.

Les deux premiers articles de ce sénatus-consulte étaient ainsi conçus : L'indigène musulman est français; néanmoins il continuera à être régi par la loi musulmane. — L'indigène juif est français; néanmoins il continue à être régi par son statut personnel. — Les uns et les autres peuvent être admis à servir dans les armées de terre et de mer. Ils peuvent être appelés à des fonctions et emplois civils en Algérie. — Ils peuvent, sur leur demande, être admis à jouir des droits de citoyen français; dans ce cas, ils sont régis par les lois civiles et politiques de la France.

Lors du vote de ce sénatus-consulte, plusieurs Arabes étaient déjà enrégimentés. Ils attribuèrent la faveur qu'on leur accordait aux services qu'ils avaient déjà rendus; ils étaient toutefois étonnés de voir que les Juifs allaient jouir de la même faveur, eux qui n'avaient vécu, depuis la conquête, que de vols détournés et d'abus.

8.

Dans les premières années, on ne put refuser la naturalisation aux Arabes, qui, à leur demande, joignaient leurs états de service. Cela ne pouvait satisfaire les Juifs qui prévoyaient que, si leurs anciens maîtres devenaient Français, ils retomberaient fatalement sous leur domination.

Ne pouvant rien par eux-mêmes pour arrêter cet état de choses, ils abusent de leur crédit auprès de nos fonctionnaires. Ils dépeignent l'Arabe comme un être dangereux, qui, grâce à notre civilisation, saura bientôt se débarrasser du vainqueur et le chasser de l'Algérie. Ces récriminations sont fortement appuyées par leurs coreligionnaires qui habitent la Métropole, et elles finissent par aboutir au résultat désiré. Les demandes de naturalisation des Arabes ne sont en effet bientôt plus accueillies, et ces vaillants soldats, après avoir versé leur sang pour la France, ne peuvent plus espérer jouir des droits de citoyens français.

CHAPITRE VI

L'EXTENSION DE LA RACE JUIVE

Pendant que les Juifs indigènes de l'Algérie dépouillent nos colons, exploitent nos fonctionnaires et volent les Arabes, ceux qui se sont répandus sur le continent européen ne restent pas dans l'inaction. Comme les premiers, ils se sont enrichis aux détriments de nos petits commerçants qui s'étaient laissé prendre dans leurs filets. La plupart ont débuté comme brocanteurs; ils achetaient à vil prix les objets que le possesseur était obligé de vendre pour acheter du pain. Ces mêmes objets, lors d'un prêt usuraire, sont livrés au lieu d'espèces sonnantes à un prix très élevé au petit commerçant qui a un pressant besoin d'argent.

Quelques-uns sont marchands de bijouterie; cela leur permet de faire l'usure sur une plus vaste échelle. Ils vendent à crédit, souvent le double de la valeur. Si on sollicite un prêt, ils n'ont jamais d'argent. Ils engagent alors l'emprunteur sur lequel ils ont pris tous les renseignements nécessaires, à acheter des bijoux qu'il ira revendre aussitôt chez un bijoutier indiqué par eux. Ils livrent alors pour 700 ou 800 francs de marchandises qu'on va revendre chez le susdit bijoutier (qui est toujours un compère), pour 300 ou 400 francs. Ils ont ainsi fait un prêt à 100 pour 100, et ils se sont mis à l'abri de la loi.

Pendant que les uns exploitent la misère ou tuent le petit commerce, d'autres se mettent à la tête des maisons de gros ou font l'agio à la Bourse. Quelques années leur ont suffi pour voler des fortunes considérables. Dans toutes les grandes villes d'Europe, ils créent des maisons de banque, et s'ils ne prospèrent pas assez vite, il suffit d'une ou deux faillites pour les mettre à hauteur. Ils sont détenteurs des fonds publics ; dans tous les emprunts nationaux, ils deviennent les plus puissants actionnaires.

Leur ambition ne connaît plus de bornes. Ils savent que l'argent est la force qui fait tout mouvoir, et, grâce au vol et à l'usure, ils sont devenus les détenteurs de cet argent. Leurs fortunes vont encore s'accroître d'une manière considérable, car ils vont bientôt faire le cours dans toutes les Bourses européennes. Malheureusement ils ne sont encore pour la plupart que des étrangers, et si on s'aperçoit de leurs menées, ils peuvent être chassés et contraints de continuer leur vie errante et vagabonde. Ils ont besoin de l'appui du gouvernement et pour cela il leur faut acheter les hauts fonctionnaires et même les ministres. Pour y parvenir, ils ont besoin d'agir secrètement, sinon on pourrait leur demander des comptes sur cette fortune mal acquise. On rechercherait et on découvrirait leur origine, et alors ils seraient réduits à une complète impuissance.

Bien que répandus en Europe, les Juifs sont étroitement liés. Tous travaillent à atteindre le même but, et chacun doit apporter sa pierre à la construction de l'édifice depuis si longtemps rêvé. Ils n'ont pas oublié leurs coreligionnaires indigènes, et ils vont travailler à leur faire obtenir la naturalisation. Ils ont été renseignés sur les procédés qu'ils ont employés, tant au point de vue du Français, qu'au point de vue de l'Arabe, et ils constatent avec joie qu'ils n'ont pas démérité. Toute cette race songe en outre à se venger des Arabes qui les ont tenus si longtemps sous leur domination, mais sa vengeance sera d'autant plus cruelle qu'elle sera plus puissante.

Après avoir volé l'argent, on les voit déjà prendre des titres de noblesse. Ils osent, eux si lâches, prendre ces titres portés autrefois par des hommes qui, s'ils étaient despotes pour le peuple, n'en étaient pas moins fiers et courageux. Espèrent-ils donc nous obliger à les traiter en princes? Veulent-ils devenir les chefs d'une nouvelle dynastie? Il est permis à celui qui les a suivis pas à pas depuis un siècle de se poser ces questions.

Ils avaient tellement accaparé la liberté dans ces derniers temps que ceux-mêmes qui les connaissaient le mieux et les détestaient le plus, n'osaient dévoiler leur conduite à leurs naïves victimes. Il n'en sera plus ainsi désormais, nous les livrerons tels qu'ils sont à la publicité, et nous les contraindrons à rentrer dans l'ombre, d'où ils n'auraient jamais dû sortir.

Leur règne est fini par cela seul qu'ils sont découverts. Ils ne peuvent rien par eux-mêmes, et nous ne les servirons plus à notre détriment. Le Français ne sera plus sciemment une marchandise qui se vend. Il comprendra la cause de la misère en France, et il détruira cet insecte rongeur. S'il nous faut, pour reconquérir notre indépendance, employer la force brutale des Arabes, nous n'hésiterons pas. Mais le Juif n'attendra pas. Le jour où il nous verra décidés à agir, il décampera et reviendra à sa vie errante, qui est la seule possible pour lui.

Les Juifs ont compris que le peuple français était le plus confiant et par suite le plus facile à tromper. Bien que puissants dans les autres États, ils prévoient qu'ils ne pourront y gouverner de longtemps. Ils veulent alors commencer par conquérir la France; or ils la savent divisée en deux parties : la France et l'Algérie. Ils ont donc besoin d'être fortement appuyés par leurs coreligionnaires indigènes, et pour faciliter leur tâche, il leur faut arriver à la naturalisation.

La puissance des Juifs en Algérie n'est encore subordonnée qu'à la confiance qu'ils inspirent à nos fonctionnaires. S'ils perdent cette confiance, ils ne seront plus rien, car sans la protection des Français, l'Arabe les anéantirait ou serait au moins un obstacle à la réalisation de leur rêve. Les Juifs de la Métropole le comprennent; ils savent même que de leur empressement dépend leur réussite. Aussi vont-ils profiter de notre aveuglement, pour obtenir ce fameux décret de naturalisation, qui, après l'ère de la liberté, amènera à bref délai celle de la puissance.

Conformément à leur désir, les Juifs ont acheté quelques hauts fonctionnaires qui se tiennent par suite à leur merci. Par eux, ils ne tardent pas à obtenir la naturalisation partielle ; tout Juif indigène peut en effet, sur sa demande, jouir des droits de citoyen français.

De nombreuses demandes sont adressées quotidiennement, et toutes reçoivent des solutions favorables. Malheureusement pour les Juifs, l'Arabe qui voit avec quelle facilité ils obtiennent la naturalisation, adresse également des demandes qui, la plupart du temps, demeurent enfermées dans les dossiers. Il comprend alors qu'il lui est impossible de se faire naturaliser, et il voit quelle tyrannie vont exercer sur lui, ceux qu'il considérait comme inférieurs à des esclaves. Bien que sauvage, il a trop de dignité de lui-même pour ne pas se révolter contre une mesure aussi illégale. Il donne à comprendre qu'avant de se soumettre, il exterminera les Juifs ; il obligera spahis et tirailleurs à rentrer dans les rangs de leurs frères pour lutter contre le despotisme d'un gouvernement qui ne se conforme pas aux promesses renfermées dans le sénatus-consulte, accueilli si favorablement par tous les indigènes.

Le Juif avait espéré agir à l'insu de l'Arabe. Se voyant découvert, il dut employer l'hypocrisie pour calmer la légitime fureur de son implacable ennemi. Il savait en effet que, dans les conditions où il se trouvait, il avait tout à craindre d'une révolte qui ne serait dirigée que contre lui. Il comprit sa maladresse; c'était pour lui une perte de temps, car avant de faire une nouvelle tentative, il devait rassurer l'Arabe sur ses intentions. Sa précipitation l'obligeait à travailler encore dans l'ombre.

L'Arabe, cependant, moins confiant que le Français, n'avait pas été dupe de l'hypocrisie du Juif. Il avait compris son but, et il devait à tout prix l'empêcher de l'atteindre. Les chefs arabes se tinrent désormais sur le qui-vive; sachant qu'ils n'avaient rien à attendre de nos représentants, ils résolurent de se venger cruellement des insultes de leur ancien esclave qui se tenait abrité derrière nous.

Malheureusement le Juif prévoit ce qui

va arriver. Pour apaiser l'effervescence des esprits, il va être contraint de venir ramper devant son ancien maître. Cette nouvelle lâcheté ne l'effraie pas, et il s'y soumet de son propre gré. En présence de ce revirement, l'Arabe dut renoncer à ses projets insurrectionnels. D'une part il ne pouvait anéantir cet ennemi incapable de se défendre, et d'autre part il espérait que, éclairés par cette conduite inqualifiable, nous ne serions pas longtemps dupes de ces exploiteurs.

Nos officiers, qui étaient alors les principaux fonctionnaires en Algérie, avaient trop de raisons pour ne pas abandonner le Juif, qui, malgré sa nouvelle servilité volontaire, n'en venait pas moins ramper auprès de nos bureaux arabes. La plupart en effet étaient les débiteurs de cet usurier; les autres ne pouvaient renoncer à la possession de ses femmes; enfin quelques-uns savaient que leur rapide avancement n'était dû qu'à certains Juifs de la Métropole qui avaient intercédé pour eux. C'était là des motifs suffisants pour protéger le Juif contre sa propre lâcheté.

En France, tous ces faits étaient passés inaperçus. Nos gouvernants eux-mêmes n'avaient pas la moindre notion précise sur l'Algérie, aussi inconnue de la plupart d'entre eux que la plus lointaine de nos colonies. On ne cherchait pas à connaître l'origine de cet étranger qui s'était implanté parmi nous. Il ne s'était du reste montré que les armes à la main, et ces armes étaient l'argent ; or, nous devons le reconnaître, en France, la fortune prime tout. Le riche sera toujours accueilli partout, quel que soit son passé, tandis que le pauvre, dont la probité sera incontestable, restera dans l'ombre.

On ignorait le rôle joué par le Juif auprès de l'Arabe ; on ne savait pas à quelles humiliations il s'était volontairement plié avant la conquête de l'Algérie ; on ignorait surtout les moyens employés par lui pour exploiter nos colons et pour se venger de son ancien maître. Qui aurait pu fournir des renseignements ? Ce n'était pas nos fonctionnaires qui étaient les premières victimes. Fournis par les colons ? on n'y aurait pas ajouté foi ! Du reste, il aurait fallu des faits probants et palpables pour oser la moindre attaque contre les coreligionnaires de ces hommes qui avaient acquis une si grande puissance en Europe.

Les Juifs indigènes ne pouvaient rester longtemps dans l'inaction. Ils étaient décidés à frapper le grand coup, dès que se serait calmée la fureur des Arabes. Des démarches étaient déjà faites dans la Métropole pour arriver à ce résultat, et on n'attendait plus que le moment propice pour agir définitivement, lorsque la guerre éclata contre l'Allemagne. Ce fut un retard fort regrettable et dont on ne pouvait prévoir les conséquences.

CHAPITRE VII

L'ALGÉRIE PENDANT LA GUERRE CONTRE L'ALLEMAGNE

Au moment où éclata cette guerre qui devait être si terrible pour la France, le Juif indigène avait déjà repris un rôle provocateur auprès de l'Arabe. Il tenait exactement au courant de ce qui se passait son coreligionnaire de la Métropole, et il voyait enfin approcher l'ère de la liberté. On prévoit par suite avec quel désappointement il apprit la déclaration de guerre qui, tout en apportant un retard préjudiciable à la réalisation de ses vœux, allait le placer de nouveau sous la domination de son implacable ennemi.

Dès le début de la campagne, on dut en effet rappeler en France et envoyer à la frontière la majeure partie de notre effectif d'Algérie, ne laissant que le strict nécessaire pour maintenir l'ordre dans notre colonie. Nos tirailleurs et nos spahis partirent les premiers ; parmi nos indigènes, on récolta même de nombreuses recrues, prêtes à aller verser leur sang pour la France. Dans l'impossibilité où l'on se trouvait de les équiper immédiatement, on dut en refuser un grand nombre. Cet acte de bravoure et de patriotisme de la part d'un peuple sauvage, pour lequel nous avions été si despotes, aurait dû nous éclairer et nous faire regretter notre barbarie à son égard. Malheureusement, nous étions trop aveuglés, et il sembla tout naturel que cet indigène, pour qui nous avions été si injustes, allât se faire tuer pour la France.

Les Juifs allaient trouver enfin une occasion de montrer, sinon leur patriotisme, au moins leur attachement à la France. Puisqu'ils attendaient si impatiemment leur naturalisation, ils ne devaient pas hésiter à prêter leur concours dans une campagne qui se présentait sous de fort mauvais auspices pour nous. Loin qu'il en soit ainsi, les Juifs (1) qui avaient déjà obtenu la qualité de citoyens français et qui par suite devaient forcément être compris dans notre contingent, employèrent tous les moyens en leur pouvoir pour ne pas être enrôlés. Ceux qui ne purent éviter l'incorporation firent en sorte de ne pas quitter le sol natal. Quelques-uns même, qui n'avaient pas la moindre notion d'écriture, furent, par protection, attachés aux divers bureaux de l'intendance militaire.

Pendant toute la campagne, leur situation en Algérie était fort critique. Ne pouvant guère compter sur notre appui par suite du départ de la majeure partie de nos troupes, ils vinrent de nouveau se plier sous la domination des

(1) Nous ne voulons parler que des Juifs qui, conformément au sénatus-consulte de 1865, avaient été, sur leur demande, naturalisés Français.

Arabes. Ils redevinrent ce qu'ils étaient avant la conquête, mais se gardant toutefois de transporter leur domicile dans les douars autrefois habités par eux.

Les Arabes ne furent pas assez vindicatifs. Soumis criminellement aux lois françaises, ils savaient quelle peine nous infligions aux assassins. Ils ne pouvaient donc pas, pendant que leurs frères versaient leur sang pour la France, se révolter contre nos institutions. Ils espéraient du reste que le gouvernement français saurait récompenser leur bravoure et qu'enfin on mettrait en vigueur le sénatus-consulte de 1865. Bercés par ce doux espoir, ils ne firent pas attention aux Juifs qui venaient ramper auprès d'eux, ne leur inspirant que du mépris ; ils se bornèrent à infliger quelques coups de matraque à ceux qui les avaient le plus exploités.

Malgré leur conduite inqualifiable, les Juifs n'en sont pas moins considérés par nos fonctionnaires comme supérieurs aux Arabes. Au milieu du deuil général, on ne les abandonne pas ; on leur donne même à espérer la prochaine réalisation de leur rêve.

Par un arrêt de la cour d'Alger en date du 21 octobre 1870, les Juifs indigènes de l'Algérie sont réputés avoir réclamé la qualité de citoyens français et s'être, en conséquence, soumis à la loi française pour leur statut personnel, quand ils se sont conformés pour certains actes civils aux formes requises par la loi française. — Par cet arrêt, on voit déjà de quel privilège ils jouissent comme indigènes, et on reconnaît l'influence de leurs coreligionnaires de France.

A un certain moment, ils semblent cependant perdre espoir ; ils prévoient le résultat de cette guerre désastreuse à la suite de nos nombreuses défaites. Ils craignent que notre affaiblissement ne nous empêche par la suite d'exercer notre domination dans les mêmes conditions en Algérie. L'Arabe pourrait en effet, si on ne lui accordait quelque faveur, se révolter avec des chances de succès contre un peuple épuisé, et dans ce cas les Juifs retomberaient sous sa terrible puissance. Ils soumettent ces craintes à leurs protecteurs, qui comprennent la nécessité de préparer le grand coup. Ils ont du reste acquis une telle influence, que c'est au milieu même de nos désastres qu'ils vont obtenir ce fameux décret qui doit mettre le comble à leurs vœux.

CHAPITRE VIII

NATURALISATION DU JUIF INDIGÈNE

Dès que la République fut proclamée en France pour la troisième fois, le 4 septembre 1870, après la capitulation de Napoléon à Sedan, les Juifs de la Métropole trouvèrent le moment opportun pour demander et obtenir la naturalisation de leurs coreligionnaires d'Algérie. Un gouvernement démocratique ne pouvait, à leur avis, refuser la qualité de citoyens français à ces indigènes qui, par la conquête de l'Algérie, étaient devenus nos sujets En outre, entièrement absorbé par la campagne contre l'Allemagne, le gouvernement de la Défense Nationale ne pourrait faire une enquête préalable. Il ne chercherait pas à savoir pourquoi, sur les deux races indigènes d'Algérie, on accordait à l'une une faveur que l'on refusait à l'autre.

Les Juifs comprenaient la situation ; ils ne pouvaient hésiter pour agir. Tout retard pouvait leur être préjudiciable, car si la question était présentée à une époque ultérieure, où elle serait étudiée, elle aurait de nombreuses chances d'insuccès. Décrétée au contraire au moment où tous les esprits sont tournés vers la Prusse, où le moindre fait passionne tous les Français, la naturalisation passera inaperçue, et les Juifs sauront, en temps voulu, en retirer les avantages espérés.

Qu'importe à cette gent méprisable, dont la soif d'argent ne sera jamais assouvie, que nos troupes soient vaincues, que les corps de nos malheureux soldats jonchent les champs de bataille ! Ils savent, du reste, qu'ils ont plus à espérer si nous sommes vaincus que si nous revenions victorieux. Nous sommes déjà une proie qu'ils surveillent attentivement ; à l'instar des corbeaux, ils ne peuvent dévorer que les cadavres. Pendant que chaque famille en deuil pleure un père, un fils, un frère, morts au champ d'honneur, les Juifs, renfermés chez eux, donnent un libre cours à leur joie.

Nous étions trop préoccupés par nos désastres pour songer à pénétrer le secret de la race juive. Devant nous, ils semblaient partager nos malheurs, et cela suffisait à un peuple confiant. Nos gouvernants eux-mêmes étaient dupes de leur hypocrisie.

Les Juifs semblaient être nos consolateurs, et ils ne demandaient la naturalisation que pour venir pleurer à notre unisson. Dans de semblables dispositions, leurs coreligionnaires, qui déjà avaient accaparé le pouvoir, n'eurent pas beaucoup de mal à obtenir ce décret qui devait avoir de si terribles conséquences pour tous les Français.

Sur la proposition de Crémieux, ministre de la justice, le 24 octobre 1870, il fut décrété ce qui suit :

« Le Gouvernement de la Défense nationale

« Décrète :

« Les israélites indigènes des départements de l'Algérie sont déclarés citoyens français; en conséquence, leur statut réel et leur statut personnel seront, à compter de la promulgation du présent décret, réglés par la loi française, tous droits acquis jusqu'à ce jour restant inviolables.

« Toute disposition législative, tout sénatus-consulte, décret, règlement ou ordonnance contraire, sont abolis.

Fait à Tours, le 24 octobre 1870.

« *Signé* : AD. CRÉMIEUX, L. GAMBETTA, AL. GLAIS-BIZOIN, L. FOURICHON. »

A la même date paraissait un nouveau décret(1) sur la naturalisation des indigènes musulmans, ainsi conçu :

(1) Nos lecteurs comprendront aisément le but de ce second décret. En naturalisant le Juif, on feignait de naturaliser l'Arabe. Si, malgré les précautions prises, notre brave indigène avait connaissance du décret de naturalisation des Juifs d'Algérie, immédiatement on lui montrait le second décret, en lui laissant croire qu'on les plaçait l'un et l'autre dans les mêmes conditions.

« Article 1er. — La qualité de citoyen français, réclamée en conformité des art. 1er et 3 du sénatus-consulte du 14 juillet 1865, ne peut être obtenue qu'à l'âge de vingt et un ans accomplis.

« Les indigènes musulmans qui réclament cette qualité doivent justifier de cette condition par un acte de naissance ; à défaut, par un acte de notoriété dressé, sur l'attestation de quatre témoins, par le juge de paix ou le cadi du lieu de la résidence.

« Art. 2. — L'art. 10, paragraphe 1er du titre III, l'art. 11 et l'art. 14, paragraphe 2 du titre IV du décret du 21 avril 1866, portant règlement d'administration publique, sont modifiés comme il suit :

« Titre III, art. 10, paragraphe 1er : L'indigène musulman, s'il réunit les conditions d'âge et d'aptitude déterminés par les règlements français spéciaux à chaque service, peut être appelé, en Algérie, aux fonctions et emplois de l'ordre civil désigné au tableau annexé au présent décret.

« Titre III, art. 2. — L'indigène musulman

qui veut être admis à jouir des droits de citoyen français doit se présenter en personne devant le chef du bureau arabe de la circonscription dans laquelle il réside, à l'effet de former sa demande et de déclarer qu'il entend être régi par les lois civiles et politiques de la France.

« Il est dressé procès-verbal de la demande et de la déclaration,

« Art. 14, paragraphe 2. — Les pièces sont adressées par l'administration du territoire militaire du département au gouvernement général.

« Art. 3. — Le gouverneur général civil prononce sur les demandes en naturalisation, sur l'avis du comité consultatif.

« Art. 4. — Il sera dressé un bulletin de chaque naturalisation en la forme des casiers judiciaires. Ce bulletin sera déposé à la préfecture du département où réside l'indigène, même s'il réside sur le *territoire militaire*.

« Art. 5. — Sont abrogés les art. 2, 4 et 5 du sénatus-consulte du 14 juillet 1865, les art. 13, titre IV, et 19, titre VI, intitulé : Dispositions générales du décret du 21 avril 1866.

« Les autres dispositions desdits sénatus-consulte et décret sont maintenues.

« Fait à Tours, en conseil de gouvernement, le 24 octobre 1870. »

Suivent les mêmes signatures que pour le précédent décret.

C'était un piège habilement tendu aux Arabes, mais ils ne devaient pas s'y laisser prendre. Ils comprenaient que la promesse de naturalisation pour eux n'était qu'illusoire, et par suite que le but du second décret était de calmer leur légitime indignation contre les Juifs d'abord, et contre la France qui les plaçait dans un rang d'infériorité bien marqué vis-à-vis de leurs anciens esclaves.

Ce privilège était illicite, accordé à des individus qui n'avaient aucun droit sur le territoire de l'Algérie, où ils n'étaient pas même propriétaires avant la conquête. Les Arabes seuls possédaient des immeubles, dont nous leur avons du reste laissé la propriété. Ils payaient donc à la France un impôt foncier, et ils ne lui refusaient pas l'impôt du sang qui était purement facultatif. Malgré leurs droits acquis, on les avait bercés de promesses qui ne devaient jamais se réaliser. Ils savaient toutefois que ces injustices n'étaient dues qu'à l'hypocrisie des Juifs indigènes, fortement appuyés par ceux habitant la Métropole.

Tout semblait favoriser le plan de ces êtres venimeux. Pendant que les Français, préoccupés ailleurs, laissaient passer inaperçue cette faveur illégale et dont ils ne pouvaient prévoir l'importance, les Arabes, qui auraient pu nous venger, n'ont eu connaissance du premier décret que longtemps après sa promulgation.

Ce n'était pas le moment pour les Juifs indigènes de faire connaître l'insigne faveur qui venait de leur être accordée. L'Algérie était en effet trop insuffisamment protégée contre une insurrection de nos indigènes, dont la conséquence eût été l'anéantissement des Juifs et la perte probable de notre colonie. En sollicitant le décret de naturalisation, les Juifs prévoyaient quelles pouvaient en être les conséquences; bien que funestes pour eux et pour la France, ils n'avaient pas hésité, parce qu'ils avaient compris que le moment ne pouvait être mieux choisi pour frapper le grand coup. Ils espéraient, du reste, avec raison que ce décret resterait dans l'ombre pendant toute la durée de la guerre. Le mot d'ordre avait été donné, et les Juifs indigènes devaient s'aplatir plus que jamais devant les Arabes, qui, grâce à cette nouvelle lâcheté, ne pourraient soupçonner la vérité.

Pour compléter ce premier décret, les Juifs au pouvoir en firent un second, qui, au point de vue électoral, assimilait entièrement les Juifs indigènes aux autres citoyens français. Ils obtinrent ainsi la suppression dans les conseils généraux et les conseils municipaux des membres à titre de Juifs et la plénitude de leurs droits civiques.

Nous rapportons ici le décret relatif à l'exercice du droit de vote des Juifs algériens (25 janvier-24 mars 1871) :

La délégation du gouvernement de la Défense nationale, — Vu le décret du 24 octobre 1870, accordant la naturalisation collective aux indigènes juifs de l'Algérie; — considérant qu'en vertu de ce décret, il ne doit plus exister dans les conseils généraux et municipaux des membres au titre d'israélite; — considérant que jusqu'à la clôture des listes électorales, laquelle, aux termes de la loi, aura lieu le 31 mars prochain, les élections doivent se faire d'après les listes arrêtées en 1870; — considérant qu'il est impossible que des électeurs soient privés de l'exercice de leur droit électoral en vertu même d'un décret qui a pour objet de leur conférer la plénitude des droits civiques,

« Décrète :

« Article 1er. — Les Juifs algériens inscrits sur les dernières listes électorales de 1870 seront admis à concourir aux élections au même titre que les autres citoyens français jusqu'au 31 mars 1871;

« Art. 2. — A cet effet, la liste spéciale des électeurs israélistes pour 1870 sera réunie à la liste des électeurs français.

« Désormais les Juifs indigènes de l'Algérie sont entièrement assimilés aux citoyens français. Ils jouissent des mêmes droits civiques et politiques et sont portés sur la même liste électorale. Toutefois, il reste à établir quelles conditions doit remplir le Juif d'Algérie pour être porté ou maintenu sur les listes électorales. Il ne saurait, en effet, suffire à un Juif quelconque de traverser l'Algérie pour être, par ce seul fait, déclaré citoyen français. »

Cette lacune a été comblée par le décret des 7-9 octobre 1871, ainsi conçu :

« Le Président de la République française, sur la proposition du ministre de l'intérieur et du gouverneur général civil de l'Algérie,

« Décrète :

« Article 1er. — Provisoirement, et jusqu'à ce qu'il ait été statué par l'Assemblée nationale sur le maintien ou l'abrogation du décret du 24 octobre 1870, seront considérés comme indigènes, et, à ce titre, demeureront inscrits sur les listes électorales, s'ils remplissent d'ailleurs les autres conditions de capacité civile, les Juifs nés en Algérie avant l'occupation française ou nés depuis cette époque de parents établis en Algérie à l'époque où elle s'est produite.

« Art. 2. — En conséquence, tout Juif qui voudra être inscrit ou maintenu sur les listes électorales sera, dans les vingt jours de la promulgation du présent décret, tenu de justifier qu'il est dans l'une des conditions déterminées par l'art. 1er.

« Art. 3. — Cette justification se fera devant le juge de paix du domicile du Juif. Elle aura lieu soit par la production d'un acte de naissance, soit par la déclaration écrite ou le témoignage verbal de sept personnes demeurant en Algérie depuis dix ans au moins, soit par toute autre preuve que le juge de paix admettra comme concluante.

« La décision du juge de paix vaudra titre au Juif. Comme condition de la délivrance de ce titre, le Juif, s'il n'a pas de nom de famille, sera tenu d'en adopter un et d'en faire la déclaration devant le juge de paix...

« Art. 7. — La convocation des collèges électoraux n'aura lieu qu'un mois au moins après la promulgation du présent décret. »

Nous n'avons pas cru devoir insérer dans son entier ce dernier décret qui est le corollaire des deux premiers. Tous les Juifs d'Algérie étant originaires de cette colonie, c'était la naturalisation collective de cette peuplade indigène. Quant à la formalité à remplir devant le juge de paix, elle était fort simple. Si les Juifs, qui n'avaient pas d'état civil, étaient dans l'impossibilité de produire un acte de naissance, il leur était au contraire très facile de se procurer, parmi leurs coreligionnaires, les sept témoins indispensables.

Ainsi, pendant que Français et Arabes tombaient sur les champs de bataille pour soutenir l'honneur de notre drapeau, pendant que les armées allemandes dévastaient le nord-est de la France et assiégeaient Paris, les Juifs, dont nous avions toujours été les dupes, surprenaient notre bonne foi et arrivaient par l'hypocrisie à la naturalisation. Il était évident que cette faveur, accordée à nos exploiteurs au détriment de ceux qui avaient toujours volontairement servi dans nos armées, exciterait contre nous ces hommes qui avaient des droits acquis à notre reconnaissance. Bercés par l'espoir d'une récompense attendue et méritée, les Arabes n'eurent pas connaissance, pendant toute la campagne contre l'Allemagne, du décret du 24 octobre 1870, qui, du reste, comme nous l'avons déjà dit, était tenu secret par les intéressés.

Nous ne saurions trop insister sur ce point capital, car les faits que nous venons de relater surpassent l'imagination. Après la conquête de l'Algérie, nous nous sommes trouvés, dans notre nouvelle colonie, en présence de deux races d'indigènes bien différentes : les premiers, fiers et courageux, après avoir lutté longtemps pour reconquérir leur indépendance, se sont mis au service du vainqueur avec la conviction qu'on leur accorderait au moins les droits de cité dans ce territoire qui leur avait appartenu ; les seconds, au contraire, lâches et hypocrites et autrefois esclaves des premiers, se sont servis de nous comme piédestal pour sortir de la domination de leurs premiers maîtres et satisfaire leur cupidité d'abord, leur ambition ensuite.

Dès le début, le Juif se montrait patelin avec nos fonctionnaires pour obtenir leur confiance et se couvrir de leur protection. Il y parvenait d'autant plus facilement que nous n'étions représentés alors que par de vieux militaires, qui, ne connaissant que la bravoure et la franchise, ne pouvaient soupçonner la fourberie de cet être rampant. Pouvait-on supposer en effet qu'il escomptait déjà notre puissance, et qu'il espérait un jour nous placer sous son joug, en usant de nos propres forces pour atteindre ce but? Nous avons raconté cependant que, comme première récompense des services qu'il sollicitait si humblement, il volait impunément nos malheureux colons et accaparait même une partie des traitements de nos officiers.

Jusqu'en 1870, le Juif a été un véritable fléau pour l'Algérie, et nous cherchons en vain un seul fait à son actif qui ait pu motiver notre confiance. Comment, à cette époque, Crémieux a-t-il pu arracher ce décret de naturalisation, alors qu'on savait pertinemment que les Juifs profitaient de nos désastres pour exploiter la misère? Nous voudrions admettre l'aveuglement du gouvernement français, pour ne pas être porté à croire à une honteuse compromission! Au lieu d'écraser ce serpent qui rampait en Algérie, nous l'avons réchauffé dans notre sein, et nous ne nous sommes aperçus de la gravité de la morsure, que lorsque nous avons reconnu la difficulté de cicatriser les plaies qu'il nous avait faites.

Avant de raconter la conduite des Juifs indigènes désormais français, nous allons exposer une des premières conséquences de la naturalisation. Si on avait eu des renseignements précis sur l'Algérie en général, et sur le Juif en particulier, il eût été possible encore de réparer la faute commise; malheureusement les membres du gouvernement ne connaissaient de notre colonie que ce qu'ils en avaient appris par les Juifs de France.

CHAPITRE IX

INSURRECTION DES ARABES.

Les Arabes avaient trop bravement servi la France dans la funeste campagne de 1870-1871, pour qu'on puisse, à leur retour en Algérie, leur refuser la naturalisation. Ils venaient en effet de nous prouver qu'ils pourraient être dans la suite de puissants auxiliaires. Malheureusement ils n'avaient personne pour plaider leur cause auprès du gouvernement français, et au lieu de la récompense, due à leur bravoure, si bien appréciée par nos soldats qui combattaient à leurs côtés, on venait de leur infliger le plus cruel châtiment.

La proclamation de la République avait été

pour les Juifs de la Métropole une occasion favorable pour profiter de la puissance acquise, aussi avons-nous vu déjà un des leurs, Crémieux, accaparer un des ministères les plus importants, celui de la Justice.

Nos vils despotes ignorent si le nouveau gouvernement renferme en lui-même les conditions vitales indispensables et ils craignent que leur conduite ne soit déjà trop connue au dehors pour qu'on consente à les tolérer plus longtemps en France. Ces graves questions qui les inquiètent à juste titre, sont momentanément oubliées, en présence des faits de guerre qui deviennent de moins en moins rassurants. Comme Juif, Crémieux ne songe qu'aux bénéfices que ses coreligionnaires peuvent retirer de notre défaite ou de notre victoire. Il comprend en outre qu'il ne leur suffit pas d'être à la tête des destinées de la France, et qu'il faut aussi compter avec l'Algérie; ce fut dans de telles conditions qu'il obtint ce fameux décret de naturalisation, alors que des ministres français et patriotes devaient avoir de bien plus grandes préoccupations.

Crémieux n'était pas le seul Juif faisant partie du nouveau ministère; nous y trouvons encore Jules Simon, et si nous n'avions pris l'engagement dans ce premier ouvrage d'abandonner la question de personnes, nous aurions beaucoup de chances d'en découvrir au moins un troisième.

On prévoit déjà, par ce que nous avons dit précédemment, ce que les Arabes pouvaient espérer d'un gouvernement à la tête duquel se trouvaient de tels hommes. Les Juifs devaient mettre leur ancien maître dans l'impossibilité de nuire, car ils avaient tout à craindre de lui, parce que, seul, il les connaissait, et n'hésiterait pas à employer l'unique moyen propre à les empêcher de devenir nuisibles. Pour servir leurs intérêts, ils devaient donc le maintenir sous notre domination; il leur fallait au contraire à eux la qualité de citoyens français, pour avoir droit par ce seul titre à la protection de la France.

Ainsi que nous l'avons dit précédemment, la naturalisation des Juifs indigènes avait été tenue secrète en Algérie. Il n'en fut plus ainsi lorsque nos troupes furent rentrées dans notre colonie. Ils crurent le moment propice pour faire connaître la faveur collective dont ils venaient d'être l'objet. Ils espéraient à ce moment que leurs anciens maîtres s'inclineraient devant le décret de naturalisation et n'oseraient se révolter contre leur vainqueur.

Il ne devait pas en être ainsi et les Juifs auraient payé cher leur trahison si nos indigènes avaient eu à leur tête un chef capable de diriger l'insurrection. La nouvelle de la naturalisation des Juifs indigènes de l'Algérie ne fut pas plus tôt répandue parmi les Arabes, que ceux-ci se levèrent en masse sur toute l'étendue du territoire, avec l'intention de reconquérir leur indépendance, de chasser le Français qui n'avait pas tenu ses engagements et enfin d'exterminer jusqu'au dernier Juif.

Malgré leur courage, les Arabes ne pouvaient résister longtemps devant des troupes disposant d'engins de guerre aussi meurtriers. N'ayant pas de chefs capables, ils marchaient à la débandade, n'ayant pour toute arme que quelques vieux fusils à pierre bien peu redoutables. Dans les départements d'Oran et d'Alger, la révolte fut bien vite apaisée; les Juifs avaient pu échapper à une mort certaine, en restant abrités derrière nos troupes, tandis que les Arabes avaient vu tomber plusieurs des leurs.

Dans le sud de la province de Constantine, l'insurrection fut plus longue et plus meurtrière. Les Arabes ne pouvaient que renoncer difficilement à une insurrection, dont le principal but était la revendication de leurs droits. Ils pénétraient dans les petits centres, laissant beaucoup des leurs sur leur passage, pour arriver jusqu'aux Juifs qui s'y étaient cantonnés. C'était sur eux surtout qu'ils voulaient assouvir leur vengeance, et ils faisaient volontiers le sacrifice de leur vie pour atteindre ce but.

Quelques-uns des chefs les plus puissants (1)

(1) Nous citerons tout particulièrement la conduite du caïd d'Aïn-Beïva, Ali ben Larbi. Dans notre seconde partie, nous signalerons la conduite de plusieurs caïds qui, dans maintes circonstances, ont prouvé leur attachement pour la France.

restèrent étrangers à l'insurrection ; ils tentèrent même de l'étouffer. Les esprits étaient trop échauffés pour qu'ils pussent y parvenir avant que des monceaux de cadavres aient prouvé leur impuissance à ces fiers indigènes. Ce ne fut donc qu'après des luttes sanglantes qu'ils regagnèrent leurs gourbis, décidés du reste à profiter de la première occasion pour exterminer cette race maudite, qui les avait placés dans une aussi fausse position. Ils comprenaient leur infériorité, et ne se soumettaient que devant notre force incontestable.

Des ordres très sévères avaient été donnés à nos officiers généraux, qui devaient se tenir sur le « qui-vive » pour éviter une seconde révolte. Les Juifs n'étaient cependant pas satisfaits ; ils auraient désiré voir chasser les Arabes qu'ils redoutaient encore. Ils se rappelaient leur faiblesse en présence de ce redoutable ennemi, qui, habitant toujours l'Algérie, les empêcherait de sortir de leurs cantonnements.

Cette révolte des Arabes aurait dû éclairer le gouvernement français et lui montrer combien il avait été injuste en plaçant ce peuple conquis dans une situation impossible !

Après nous être implantés chez les Arabes par la force, nous les traitons en esclaves. Quel espoir leur laissons-nous d'arriver à une liberté même relative ? Ils n'ont plus de patrie, et nous leur donnons à connaître qu'ils n'en auront jamais ! Habitants d'un territoire devenu nôtre par droit de conquête, ils subissent toutes les charges imposées à nos nationaux, et ne jouissent d'aucun des avantages qu'entraîne avec soi la qualité de citoyen français.

Nous les plaçons dans un rang d'infériorité bien marqué, non seulement auprès de nous, mais aussi vis-à-vis des étrangers qui exploitent notre colonie à nos dépens ! (1)

On nous répondra peut-être que sous le gouvernement turc, ils n'étaient qu'une horde de sauvages à la merci de quelques chefs. Dans ce cas, il était de notre devoir, à nous qui

---

(1) En Algérie, les Arabes sont moins protégés par nos lois que les étrangers venus d'on ne sait où. Au lieu de défendre l'Arabe contre ses exploiteurs, nous en faisons le bouc émissaire.

voulons passer pour le peuple le plus civilisé du monde, de ne pas maintenir nos indigènes dans une telle ignorance, en leur faisant connaître leurs droits et en leur dictant leurs devoirs ! La tâche était du reste d'autant plus facile que nous nous trouvions en présence d'hommes intelligents et courageux.

Malgré notre despotisme, les Arabes ont cependant acquis une certaine civilisation à notre contact. Ils ont compris qu'avec notre concours ils pouvaient être un jour des citoyens dont la France serait fière, et pour obtenir ce concours, ils ont, dans toutes circonstances, fait preuve de patriotisme et de dévouement.

Malgré tous les faits qui devaient parler en faveur des Arabes, ce n'est pas eux qui nous intéressent, ce n'est pas eux que nous protégeons, mais bien leurs anciens esclaves, ces Juifs qui, eux, n'ont jamais eu de patrie.

Lors de la conquête, les descendants d'Israël ne possédaient rien en Algérie, et ils n'y étaient tolérés qu'au prix des plus cruelles humiliations. Bien que lâches, ils n'en étaient pas moins traîtres et méchants. Malgré leur visage répulsif, ceux qui ne les connaissaient pas ne pouvaient donner le coup de pied de l'âne à ces vils êtres qui, en rampant, venaient leur lécher les mains.

Dans les premières années qui ont suivi la conquête, notre confiance dans les Juifs était excusable, parce que notre franchise devait faciliter leur hypocrisie. Mais ce qu'on reprochera toujours à nos anciens fonctionnaires d'Algérie, c'est d'avoir favorisé le développement de cette race maudite, qui les trompait impunément. Il leur incombait, en effet, de les étudier et de les dépeindre aux ministres compétents. Ils eussent ainsi évité une exploitation qui devait être ruineuse pour la France.

CHAPITRE X

LA VICTOIRE DU JUIF

Grâce à notre naïveté et à notre confiance, le Juif a enfin atteint son but : il est citoyen Français. Ce n'est pas son attachement pour la France qui lui a fait solliciter cette faveur, mais bien son ambition et sa cupidité. N'ayant pas de nationalité, le Juif est jaloux de tous les peuples, et malgré sa lâcheté, son rêve serait de les placer indistinctement sous sa domination. Impuissant par lui-même, il n'a l'espoir d'arriver qu'autant qu'il est soutenu par ceux même qu'il veut exploiter, et le jour où il sera découvert, il reviendra à la vie errante.

Le règne du Juif ne peut être que de courte

durée, car partout où il se trouve, il amène avec lui la misère par les vols détournés qu'on est convenu d'appeler usure, et la misère dessille les yeux des plus aveuglés. Pour augmenter sa fortune, il n'hésite pas à arracher le dernier argent qui devait servir à acheter du pain à des malheureux sans travail. Combien de gens, ruinés par le Juif, ont cherché dans la mort le seul remède à leur misère! Ce vil usurier est du reste sans cœur, et pour sauver la vie à une de ses victimes, il ne donnerait pas la plus petite pièce de monnaie. N'étant mû que par l'égoïsme, chaque acte de sa vie n'est basé que sur le bénéfice qu'il peut en retirer.

Le Juif ne redoute que la force brutale et il sait que ce procédé n'est plus employé dans les pays civilisés. Quant à la loi, il lui est très facile de la tourner ; il épie sa malheureuse victime, et l'oblige à accepter ses onéreuses conditions, lorsqu'elle ne peut lui échapper. Quelques-uns de nos lecteurs ont déjà vu opérer le Juif, et ils ont pu se rendre compte de la valeur du procédé honteux qu'il employait pour mettre son débiteur dans l'impossibilité de l'attaquer judiciairement. Du reste, nous verrons bientôt les plus hauts fonctionnaires se plier à sa volonté et par suite favoriser indirectement ces vols détournés dont ils deviennent les complices inconscients.

Avant la conquête de l'Algérie, les Juifs songeaient déjà à sortir du joug des Arabes, mais ils se sentaient trop faibles pour tenter leurs premiers exploits en Europe. Ils n'avaient en outre que de faibles ressources, insuffisantes pour quitter le sol natal, et ils n'espéraient pas s'enrichir au détriment d'un maître aussi terrible. Paresseux et incapables du moindre travail manuel, ils ne pouvaient cependant être d'une grande utilité aux Arabes, qui ne voyaient en eux que de serviles espions.

Depuis cette époque, nous avons essayé de les suivre pas à pas, jusqu'au jour où, à force d'hypocrisie et d'intrigue, ils arrivent à obtenir la naturalisation. A ce moment, et grâce à notre complicité, ils s'étaient déjà enrichis au détriment des Arabes et des colons français, mais cette fortune mal acquise pouvait disparaître si nous leur refusions notre protection.

Or, par la naturalisation, ils avaient des droits acquis à cette protection. Ils allaient profiter de ces droits pour devenir maîtres de l'Algérie.

L'insurrection des Arabes qu'ils avaient tout lieu de redouter, parce qu'elle était surtout dirigée contre eux, avait été bien vite réprimée et ils savaient qu'ils n'avaient plus rien à craindre de ce côté. C'était pour les Juifs une première victoire qui devait avoir pour nous de terribles conséquences. En devenant nos égaux, ils se trouvaient au-dessus de l'Arabe, et ils ne devaient pas tarder à lui faire sentir cette supériorité.

Le Juif ne peut être l'égal de personne; si on l'élève jusqu'à soi, il arrivera par l'hypocrisie à placer sous sa domination son naïf bienfaiteur, jusqu'à ce que celui-ci, se réveillant enfin de sa torpeur, l'oblige à aller exercer ailleurs son honteux commerce. Il s'abat généralement sur les pays cruellement éprouvés, et quelques années lui suffisent pour jeter le désarroi partout et accaparer en même temps la fortune privée et la fortune publique. Son ambition ne connait pas de bornes, et au lieu de quitter au plus vite ce pays exploité et ruiné par lui, il voudrait s'y ériger en seigneur et faire tout plier sous sa loi.

De même que la faim fait sortir le loup du bois, de même la misère réveille et excite les plus endormis.

Dans les pays où le Juif réussit à s'introduire, il n'est pas long à accaparer l'argent et à mettre à sa merci tant le pouvoir exécutif que le pouvoir législatif. Pour n'avoir rien à craindre, il commence à acheter la presse et tout ce qui pourrait devenir une arme contre lui ; on le voit bientôt tellement redouté que ses victimes mêmes n'osent pas l'attaquer publiquement. On comprend alors qu'il est cause de la misère générale, et pour guérir le mal, il faut supprimer cet être nuisible.

A ce moment, la puissance du Juif est bien finie ; il n'attend pas pour partir qu'on ait mis à exécution les menaces lancées contre lui. Il sait, en effet, jusqu'où pourrait aller la vindicte publique et il n'ignore pas qu'aucun châtiment ne serait trop sévère pour lui. Il est ainsi obligé d'abandonner une partie de la fortune volée, pour quitter furtivement le champ de ses exploits.

Dans chaque pays, le Juif doit, pour atteindre son but irréalisable, essayer de capter la confiance : c'est là sa seule chance de succès. Trop lâche pour employer la violence, il n'a qu'à déloger, si, dès le début, il n'a pu attirer à lui, par sa voix mielleuse et son air hypocrite, les gens au milieu desquels il voulait habiter avec l'intention de les exploiter. Bien que son procédé soit déjà très vieux, il trouve toujours de nouvelles dupes. Nous espérons toutefois que ses derniers exploits en Europe touchent à leur fin et qu'aucun peuple ne sera plus assez naïf pour lui accorder le moindre crédit.

Il est bon qu'on sache partout que le Juif ne connaît pas d'amis. Il n'hésite pas à mordre la main qui le nourrit, si cette morsure doit lui rapporter quelque chose. Tous les actes de sa vie ne sont basés que sur les intérêts qu'il peut en retirer. A côté du malfaiteur qui assassine sa victime pour la dépouiller ensuite, nous ne pensons pas au Juif, arrachant jusqu'au dernier sou à de malheureuses familles dont les chefs cherchent ensuite dans le suicide un remède à la misère. Quelle différence peut-on établir entre l'assassin qui risque sa vie, pour tuer et voler, et le Juif qui vole et qui tue, en se mettant à l'abri de la loi ? A notre avis, le Juif est le plus coupable et le plus dangereux, et si les lois ne peuvent nous protéger contre lui, il est de notre devoir de nous défendre nous-mêmes.

C'est cependant à cet individu que nous venons d'accorder la naturalisation ! C'est à lui que nous avons dit : « Tu es notre égal, et comme tel, tu as droit à notre protection ». Ceux qui nous représentent en Algérie l'ont déjà vu à l'œuvre, et ils n'ont pas protesté contre cette faveur inique et incompréhensible ! Bientôt il voudra dominer en Algérie, grâce à notre force, et cependant les protestations des Français de notre colonie (1) ne trou-

(1) Le Français d'Algérie déteste le Juif et ne craint pas de lui dire en face ce qu'il pense de lui. Pour toute réponse dans chaque discussion, ce Juif, qui a

vent pas le moindre écho dans les ministères à Paris.

Les Juifs se serviront de la qualité de citoyens français pour acquérir une certaine puissance au milieu de nous, et par cette puissance ils nous contraindront à une obéissance passive. Ils ont reçu la seule arme qu'ils sachent manœuvrer et nous apprendrons à nos dépens combien les coups en sont terribles.

Ils ont aussi à se venger des Arabes, et ils ne laisseront passer aucune occasion. Toutefois, sachant que cet ennemi n'éprouve contre eux que du dégoût et du mépris, ils ne s'aventureront jamais seuls vers les douars de nos braves indigènes. Les Juifs ne frappent que ceux qui ne peuvent pas se défendre, et les Arabes ne se trouvent dans cet état à leur égard, que lorsqu'ils sont auprès des autorités françaises. Enfin, grâce à la haine qu'ils nous ont inspirée contre les Arabes, les Juifs les dépouilleront d'autant plus facile-

---

sollicité la qualité de citoyen français, se borne à appeler notre compatriote *sale Français*. Ce cri, parti du cœur, prouve bien l'attachement du Juif pour la France.

ment que nous n'exercerons aucun contrôle.

Le Français va ainsi, tout en étant dupe de sa confiance, être le complice du Juif contre l'Arabe, et exercer le despotisme le plus absolu à l'égard de cet homme qui vient de verser son sang pour la France.

CHAPITRE XI

A L'ŒUVRE

Ce n'est pas pour le Juif le moment de se reposer sur ses premiers lauriers ; il possède le levier qui fait tout mouvoir (l'argent), et il va en user au mieux de ses intérêts. Il sait que personne ne lui demandera d'où lui vient cette fortune, à lui qui, il y a quelques années à peine, se trouvait sans ressources et sans patrie ; aussi va-t-il, dès le début, devenir le principal actionnaire de toutes les grandes compagnies ! Il comprend toutefois que, malgré nos terribles désastres de 1870-1871, la France n'est pas encore assez appauvrie pour qu'il puisse la placer sous sa domination ; il lui faut donc, pour la réalisation de son rêve, travailler secrètement à la ruine générale. Il espère que le jour où il sera devenu le détenteur de la fortune privée et publique, chacun sera obligé de se plier devant lui et de reconnaître sa supériorité. Pour éviter toute fausse manœuvre dans cette campagne, chaque Juif devra venir prendre le mot d'ordre chez le Crésus de la bande, et là on lui précisera le rôle qu'il doit jouer (1).

La fortune de la France ne suffit pas à assouvir la soif insatiable de cette race maudite, il lui faut aussi tout accaparer en Algérie, pour que nos agriculteurs, commerçants ruinés ou industriels ne puissent trouver la moindre ressource dans cette colonie. Pendant que les plus riches créeront sur tous les points des

---

(1) Nous renvoyons nos lecteurs à l'intéressant ouvrage de M. Kalixt de Wolski, *la Russie Juive*. L'auteur a admirablement traité la théorie du Juif; il parle longuement du Kahal, sorte de gouvernement occulte, auquel tous les Juifs sont tenus d'obéir, dans l'intérêt même de leur corporation, pour lutter contre tous les peuples et devenir un Etat à part dans chaque Etat.

maisons de banque ou prépareront les tripotages de la Bourse, d'autres moins fortunés fonderont des maisons de commerce d'un genre spécial : vente à crédit, prêt sur toute espèce de marchandises, achat de reconnaissances du Mont-de-Piété et d'objets de toute sorte, etc. Les premiers ruineront les petits capitalistes et tueront le haut commerce, les seconds mettront sur la paille les petits commerçants et les ouvriers. Le Juif a si bien combiné ses plans que des milliers de personnes ne vont pas tarder à tomber dans ses filets.

Lors de l'emprunt de 1871, contracté tant pour payer les frais de guerre que pour verser la rançon de 5 milliards à la Prusse, les Juifs sont les principaux bailleurs de fonds. Ils étaient déjà possesseurs d'une partie des titres de rentes sur l'État ; ils étaient en outre de très puissants actionnaires dans chaque compagnie de chemins de fer. Actions et obligations passent si rapidement entre leurs mains que déjà ils font les cours de la Bourse. Le moment est arrivé de faire rapporter à leurs capitaux des revenus considérables, aussi désormais les joueurs à la Bourse, qui ne sont pas *Juifs*, marchent-ils à une ruine certaine !

Bien qu'assez riches pour faire à eux seuls la hausse et la baisse, les Juifs croient prudent, pour mieux cacher leur jeu et ne pas éloigner ceux qui ne sont pas des joueurs invétérés, de procéder par petits coups portés à la sourdine.

L'appât du gain ne devait pas tarder à attirer vers ce tripot d'un nouveau genre une masse de naïfs qui allaient jeter leur or dans la sacoche du Juif. Il s'ensuivit dès les premières années une série interminable de faillites et la déconfiture de nos plus anciennes maisons de banque.

Malgré le profit considérable de leurs vols détournés, les Juifs trouvaient la marche trop lente. Ils voulaient tout engloutir, et ils avaient les éléments nécessaires pour agir à bref délai. Pour réparer le temps perdu, on les voit tenter de ces coups de Bourse formidables qui leur réussissent toujours et qui, chaque fois, amènent la ruine de plusieurs spéculateurs. Que peuvent en effet nos millions contre leurs milliards ? N'est-ce pas là le fait de ces joueurs entêtés qui, oubliant la cagnotte insatiable, se laissent éblouir par l'or jeté sur le tapis ? On voit le gouffre, mais on est attiré fatalement par lui et on y tombe toujours.

A côté de ces vils boursiers, il est d'autres Juifs, qui, s'ils retirent des bénéfices moins importants, n'en travaillent pas moins avec ardeur.

Revenons en Algérie et rentrons chez le brocanteur. Nous nous trouvons là en présence d'un être sale et dégoûtant, couvert d'un burnous en lambeaux ; si nous examinons l'ensemble de sa physionomie, nous reconnaissons bien vite son origine. Plus loin, dans un coin reculé et obscur, nous apercevons accroupie une masse presque inerte que des yeux exercés peuvent seuls reconnaître : c'est la mère ou la femme du brocanteur. Dans le taudis aussi repoussant que les êtres qui l'habitent, on trouve toute sorte d'objets, épars de côté et d'autre. Quelques-uns ont même une certaine valeur ; ils sont placés assez en vue pour attirer les clients.

Le métier du brocanteur ne consiste pas seulement à acheter et à vendre des vieilleries ; il rapporte surtout par le prêt à la petite semaine. En Algérie comme en France, le brocanteur n'est qu'un usurier. Il prête sur gage, et à chaque prêt, il fait en sorte d'écouler une partie des marchandises dont il n'a pas le débit.

Cette catégorie de Juifs n'exploite, en général, que la classe ouvrière. Bien que le brocanteur n'achète jamais qu'à vil prix, on trouve quelquefois chez lui des objets rares et d'une certaine valeur. Dans ce cas alors, il reçoit la visite de riches collectionneurs ou de touristes étrangers qui sont obligés de payer fort cher ce qu'ils ne peuvent se procurer ailleurs.

Ce triste industriel n'achète que les objets dont il a la vente à peu près assurée et nous avons dit comment il se débarrassait de ceux devenus invendables. L'ouvrier malade ou sans travail est souvent obligé, pour vivre, de vendre tout ce qui peut lui procurer quelque argent. Il s'adresse forcément au brocanteur, et celui-ci sait que son vendeur est à sa merci. Il lui fait alors des offres dérisoires, ajoutant qu'il a déjà trop de marchandises et que ce ne sera pour lui qu'un encombrement infructueux. Le malheureux ouvrier, poussé par le besoin, est obligé d'accepter le minime prix offert par le Juif, et plus tard, s'il veut racheter le susdit objet qui, outre sa valeur réelle, a pour lui une certaine valeur intrinsèque, il est obligé de le payer d'autant plus cher qu'il y tient davantage.

L'employé qui momentanément a besoin d'une modique somme, va également porter chez le brocanteur les quelques curiosités qu'il possède. Pour rentrer en leur possession à la fin du mois, il doit convertir en or les pièces d'argent qu'il a reçues. L'Arabe est souvent obligé, dans les mêmes conditions, d'avoir affaire au Juif.

Il ne faut pas confondre le brocanteur de France avec celui d'Algérie. Tandis que le premier est fier et arrogant avec ses clients qu'il traite généralement avec mépris, le second au contraire est humble et hypocrite ; il n'a pas encore oublié son ancienne condition, et il sait ce que pourrait lui coûter son arrogance dans ce pays où la population française est en minorité. Il est cependant aussi voleur que le premier, car le vol est inné chez le Juif. Nous n'entendons parler que du vol détourné, autrement dit usure, puisque, comme nous l'avons dit précédemment, le Juif est incapable de voler ouvertement.

Nous arrivons au prêteur sur gage qui exerce ses exploits sur une plus vaste échelle. Il est vêtu plus proprement que le précédent et parle un peu mieux le français. Il a un magasin et quelques hangars pour loger les marchandises ; il a enfin quelques-uns de ses coreligionnaires comme employés. Sur sa porte, on lit : « Prêts sur toutes espèces de marchandises : on en facilite la vente ».

Ce Juif a comme clients des commerçants et quelques particuliers.

Lorsque des marchandises viennent de France, il arrive fréquemment que le destinataire est dans l'impossibilité de payer immédiatement les frais exorbitants du transport; ne pouvant cependant laisser en souffrance les susdites marchandises, il est obligé d'emprunter en donnant une garantie. Il va alors trouver le Juif prêteur sur gages, et lui expose sa situation. Celui-ci consent à avancer la somme nécessaire, si on lui donne en garantie des marchandises valant plusieurs fois la somme prêtée.

Voici dans quelles conditions :

L'emprunteur reconnaît avoir reçu une somme de 20 pour 100 supérieure à la somme prêtée; il doit en outre payer un intérêt de 10 pour 100 pour la somme reconnue, et enfin les frais de dépôt, de surveillance et d'entretien de la marchandise. Si, au bout du mois, la somme n'est pas remboursée, le prêteur peut faire vendre la marchandise, à moins que l'emprunteur ne renouvelle le prêt, en payant tous les frais, plus une indemnité. En indemnisant le Juif après deux mois, le commerçant a généralement payé de 100 à 120 pour 100. S'il laisse vendre la marchandise à cette époque, non seulement il ne retire rien, mais encore il perd les sommes partielles qu'il a versées.

Nous avons en France les warrants qui tuent le petit commerce par leurs taxes illégales, mais les intérêts proprement dits sont fixes et légaux ; nous avons aussi les Juifs prêteurs sur gages qui sont une bien grande plaie pour la société, mais ils ne peuvent prélever un taux aussi élevé que ceux d'Algérie.

Le Juif indigène qui prête sur gage est dans maintes circonstances un recéleur complice de ses coreligionnaires faillis. Voici comment il procède : lorsqu'un Juif commerçant ne peut réaliser des bénéfices en rapport avec ses appétits, il s'entend avec le prêteur sur gages qui prend chez lui tout ce qu'il a en magasin. Pendant plusieurs mois, le commerçant, usant de son crédit, se fait livrer des quantités considérables de marchandises, qu'il fait transporter chez son complice. Il existe toujours un troisième larron qui s'établit à son tour et est censé acheter les marchandises chez le dépositaire. Lorsque ces opérations sont terminées, le commerçant cesse ses paiements et dépose son bilan ; il est déclaré en faillite, et ses créanciers ne peuvent rien contre lui. Les trois complices se partagent impunément les dépouilles de ces naïfs créanciers.

En dernier lieu, on trouve le bijoutier vendant à crédit. Celui-là, qui, comme les précédents, n'agit qu'à coup sûr, a surtout les fonctionnaires comme clients. C'est le véritable usurier. Ceux qui s'adressent à lui ne viennent pas absolument pour acheter, mais pour emprunter. Or, le Juif leur dit toujours : Je ne suis pas capitaliste, et par suite n'ai pas d'argent. Je vends ma marchandise à crédit, et je donne vos valeurs en paiement à mes fournisseurs. Il ajoute du reste, qu'il est très facile de revendre les bijoux, et il indique un marchand qui est généralement son associé. Le Juif trouve de la sorte, ainsi que nous l'avons déjà dit, le moyen de prêter à 100 pour 100.

Les Juifs de France ne perdent pas leur temps, et procèdent à peu près comme leurs coreligionnaires d'Algérie. Croyant inutile d'insister sur les différences à établir sur ces deux escrocs, nous nous bornerons à dire que si en Algérie le taux usuraire est plus élevé, en France les affaires sont beaucoup plus nombreuses.

Grâce à ces diverses catégories que nous venons d'exposer, les Juifs pouvaient exploiter indistinctement toutes les classes de la société. Les malheureux qui se laissaient prendre dans l'engrenage de la machine juive étaient fatalement perdus. Il était du reste presque impossible d'y échapper ; la rareté de l'argent rendant les affaires de plus en plus difficiles, les plus grands commerçants se virent eux-mêmes dans l'obligation d'avoir recours à ces usuriers. Si des sociétés se formaient pour lutter plus aisément contre ce courant impétueux, les Juifs leur faisaient une concurrence acharnée, et, grâce à leurs capitaux, ils réussissaient souvent à les anéantir.

Incapables de rien par eux-mêmes, les Juifs ont compris qu'ils ne pourraient arriver à la puissance que par l'argent ; aussi emploient-ils tous les moyens réprouvés pour arriver à être les seuls détenteurs de cet argent !

Tant en Algérie que dans la Métropole, les Français marchent à une ruine certaine ; ils le voient et ne peuvent rien contre leur dangereux ennemi qui tient nos gouvernants à sa merci. Nos ancêtres ont fait la révolution de 1789 pour sortir du despotisme des rois et des seigneurs ; ils ont versé leur sang pour conquérir leur liberté. Que diraient-ils aujourd'hui s'ils étaient témoins de notre nouvelle servilité ?

Nous nous sommes volontairement donné un maître bien autrement despote et arbitraire que nos anciens seigneurs qui, eux du moins, aimaient la France et savaient la faire respecter !

Si nous avons toléré les Juifs sans les connaître, pourquoi les supporterions-nous plus longtemps aujourd'hui que nous les connaissons ? Ne pouvons-nous nous passer de maîtres et nous gouverner nous-mêmes ? Est-il donc besoin que nos ancêtres sortent de leur tombeau pour nous crier : *Mort aux Juifs!* et raviver ce vieux sang gaulois qui coule dans nos veines pour nous obliger à reconquérir cette liberté qu'ils ont payée si cher ?

Telles sont les questions que doivent se poser ceux qui aiment leur pays et ne veulent pas être témoins de sa ruine! Nous sommes tous animés des mêmes intentions et nous n'hésiterons pas à ranimer la confiance de ceux qui ont aliéné leur liberté. Nous savons tous que le Juif qui n'est ni travailleur, ni industriel, nous vole impunément. Ceux d'entre nous qui n'osent pas l'attaquer publiquement ne l'en détestent pas moins, mais ils ont pour lui une crainte mêlée de mépris, et, redoutant sa puissance, ils attendent le moment d'agir.

Le Juif, en procédant avec tant d'audace et de perversité le jour même où nous lui avons accordé le droit de cité, connaissait notre caractère, et savait que de longtemps il n'aurait rien à redouter. Bien que fier et courageux, le Français ne se révolte en effet que lorsqu'il est poussé dans ses derniers retranchements. Le Juif espérait ce jour-là avoir une armée pour le protéger contre ceux qui ne se plieraient pas volontairement à son joug. Il se trompait, car l'armée est avant tout française, et lorsque le jour de l'expiation aura sonné, il sera seul et demandera grâce.

CHAPITRE XII

PREMIÈRES CONSÉQUENCES

Il ne suffit pas aux Juifs d'accaparer toute la fortune au détriment de nos nationaux, il leur faut aussi poser les bases de leur future puissance. Pour cela, ils doivent commencer à postuler des mandats électifs. Leur tâche est d'autant plus facile, en Algérie, qu'ils sont les plus nombreux électeurs et peuvent, par suite, choisir leurs candidats. Là-bas, ils sont abhorrés tant par les Arabes que par nos nationaux, et ils seraient bien vite écharpés et vilipendés, si nos fonctionnaires et nos officiers n'avaient reçu des ordres très sévères pour les protéger.

On ne leur laisse pas ignorer la protection dont ils sont l'objet, et c'est ce qui leur permet de continuer leurs exploits. Ne redoutant que les coups, ils semblent se préoccuper fort peu des insultes qu'on leur adresse continuellement ; il est vrai que ces insultes ne sont que de dures vérités. S'ils supportent tout du Français, il n'en est pas ainsi de l'Arabe ; pour la moindre des choses, ils portent plainte contre lui, et quel que soit le mal fondé de ces plaintes, nos autorités sévissent très sévèrement.

Les Juifs d'Algérie sont encore trop illettrés et trop primitifs pour solliciter le mandat de député ; mais s'ils ne peuvent se porter, ils choisissent un candidat qui leur soit tout dévoué et sur qui ils puissent compter. Nos nationaux doivent renoncer à la lutte électorale ; ils ne peuvent que regretter de voir des Français se vendre ainsi à cette vile engeance.

Dans chaque arrondissement, les Juifs ont à leur tête le plus misérable d'entre eux. C'est le grand électeur. Le député qui lui doit en partie son élection se tient à sa merci, et nos lecteurs algériens savent combien il est exigeant ! Ce Juif reçoit chez lui les plus hauts fonctionnaires ; il est très libre avec eux et sait dans chaque circonstance user de son influence. C'est à lui du reste qu'il faut s'adresser pour obtenir de l'avancement, et sa protection est quelquefois préférable à celle du député lui-même qui tiendra toujours mieux sa promesse envers le grand électeur qu'envers le fonctionnaire. Le Juif n'hésite pas au contraire à demander le déplacement ou la révocation de celui qui ne reconnaîtra pas sa supériorité ou qui enfreindra ses ordres.

On comprend par cet exposé la servilité du fonctionnaire. N'ayant plus son indépendance, il doit se conformer aux exigences de celui qui peut à son gré lui faire avoir de l'avancement ou obtenir sa révocation. Il sait en outre par expérience que les justes réclamations adressées en sa faveur par nos nationaux soit aux députés d'Algérie, soit aux ministres eux-mêmes, restent toujours sans effet. Dans de semblables conditions, le fonctionnaire intègre doit forcément devenir le complice du Juif, s'il veut conserver la place qui lui permet de faire vivre les siens.

C'est là une conséquence terrible de la naturalisation, dont on n'avait pas prévu l'importance. En naturalisant les Juifs, on leur a dit : En devenant électeurs, c'est à vous seuls qu'il appartiendra de nommer les députés parce que vous êtes les plus nombreux. Or, ils n'étaient pas hommes à choisir des candidats disposés à travailler dans l'intérêt général; ils ne nommaient que ceux qui s'engageaient d'avance à servir leurs intérêts privés. Leurs élus n'avaient pas même le droit d'exposer la triste situation de nos colons en Algérie, car en cherchant le remède, on eût porté atteinte à la rapacité du Juif.

Le grand électeur, qui serait plus justement appelé chef de bande, est un individu très influent. C'est chez lui que tous ses coreligionnaires viennent prendre le mot d'ordre; c'est lui qui reçoit leurs plaintes et les soumet à qui de droit. Il est un objet d'horreur pour tous les Français, mais il est craint, et cette crainte fait sa force.

Nous serions heureux d'exposer à nos lecteurs la vie de tous les grands électeurs d'Algérie, mais ces biographies nous entraîneraient trop loin et nous feraient anticiper sur l'ouvrage que nous devons publier vers la fin de l'année. Toutefois, nous allons dire quelques mots d'un des plus en vue, que quelques-uns de nos lecteurs connaissent au moins de nom ; nous voulons parler de Simon Kanoui (1), le grand électeur d'Oran.

Au physique, Kanoui est un être repoussant : grand et un peu voûté, yeux petits et enfoncés, nez épaté, bouche largement fendue. Vêtu à la française, il porte une jaquette et est coiffé d'un chapeau mou ; bien que relativement propres, ses vêtements ne sont jamais élégants.

Kanoui est à peu près illettré : il sait à

---

(1) Nous ne racontons dans ce premier ouvrage que quelques faits sur Kanoui, nous réservant dans les *Juifs en Algérie* de faire la biographie complète de ce *grand* personnage.

peine lire et écrire. Il est cependant officier d'académie et chevalier de la Légion d'honneur. Il parle notre langue d'une manière fort incorrecte et n'a pas les moindres notions d'orthographe.

Il est riche ; mais toute sa fortune est au nom de sa femme. Bien que n'ayant aucun crédit, il lui arrive fréquemment de se faire livrer des marchandises qu'il est censé payer comptant et qu'il ne paie jamais. Ses dupes n'ont du reste aucun recours contre lui. Pour montrer sa manière de procéder, nous allons citer quelques exemples :

Kanoui a le gaz chez lui et il trouve très économique de ne jamais solder les quittances qui lui sont présentées mensuellement. Pour le commun des mortels, il est d'usage de supprimer le gaz à ceux qui ne paient pas régulièrement : il est fait exception pour notre personnage. Il y a quelques années, sa note étant montée à un chiffre assez élevé, l'inspecteur de la compagnie chercha un moyen de rentrer en possession de la somme due. Il trouva l'occasion, lors d'une soirée donnée par Kanoui, soirée où il était du reste convié. Dès que la plupart des invités furent arrivés, l'inspecteur est annoncé. Au lieu de prendre part à la fête, il demande à s'entretenir en particulier avec le chef de la maison. Celui-ci ignore quel va être le sujet de la conversation, mais il est bien décidé à payer en bonnes paroles si on lui présente sa quittance ; — il comptait sans la détermination formelle de son créancier. Lorsqu'ils furent seuls, l'inspecteur lui dit, en lui présentant la quittance, que s'il ne soldait pas immédiatement ou ne lui faisait pas signer une valeur par sa femme, il allait faire couper les tuyaux du gaz. Kanoui implora en vain la clémence de son créancier, en lui expliquant son impossibilité de payer le soir même et en lui demandant jusqu'au lendemain; celui-ci fut inébranlable et le grand électeur dut s'exécuter.

Kanoui avait des relations très suivies avec un général dont nous tairons le nom. Il lui faisait quelquefois des cadeaux, quand ces cadeaux ne lui coûtaient rien. Or un jour, il se présente chez un bijoutier, et lui demande des boucles d'oreilles avec brillants ; il lui dit qu'il voulait en faire présent à la fille du général, ajoutant que si elles plaisaient, il les paierait le soir même. Malgré ses promesses, le bijoutier ne voulut pas, par prudence, confier les bijoux au Juif, et il lui promit de les envoyer lui-même à destination.

Les boucles d'oreilles avaient été acceptées depuis plusieurs jours déjà, et l'acquéreur ne se présentait pas pour acquitter sa dette. Le marchand le fit appeler chez lui, et lui dit qu'il était fort étonné du retard apporté dans le paiement. Notre homme répond alors qu'il est gêné pour le moment, et qu'il désirerait un délai de huit jours ; il proposait même une valeur signée de lui. Le bijoutier comprit que ses bijoux allaient être perdus s'il n'agissait pas en conséquence. Il dit alors à son débiteur que s'il n'était pas payé sur-le-champ, il allait écrire au général pour lui demander les boucles d'oreilles, en ajoutant qu'il avait été victime d'une escroquerie. Les récriminations de Kanoui ne produisirent aucun effet, et, pour éviter le sanglant affront dont il était menacé, il versa l'argent.

Malgré la prudence des commerçants, quelques-uns étaient cependant victimes de la supercherie de Kanoui, et, à moins d'une occasion exceptionnelle, ils devaient renoncer à recouvrer la somme due. L'un de ses créanciers, furieux d'avoir été joué, s'était promis de se venger. Il avait appris que son débiteur était allé faire un voyage en France, et il épiait son retour. Ce jour-là, un huissier fit une saisie-arrêt sur tous les bagages du voyageur. Kanoui ne voyant aucun moyen de sortir de cette impasse, alla trouver son créancier, et le supplia de lui accorder un délai ; celui-ci fut inflexible et le grand électeur se trouva encore contraint de payer cette fois.

Nous avons pris ces exemples entre mille, car nous le voyons dans tous les actes de sa vie chercher à profiter de son influence pour exploiter nos nationaux. Il n'est malheureusement pas le seul, et si nous faisions la biographie de tous les grands électeurs d'Algérie, nous en verrions quelques-uns qui vont encore plus loin. Il est des faits que nous devons du reste passer sous silence, dans la crainte d'être taxés d'exagération, alors que nous restons toujours au-dessous de la vérité.

Nos députés algériens connaissent ces hommes et les protègent. Nous sommes toutefois convaincus qu'ils n'ont pour eux que du mépris ; mais poussés par l'ambition, ils comprennent qu'ils ont besoin d'eux pour être élus. Ils savent que les Juifs ne les aiment pas et que s'ils les nomment, c'est seulement pour se servir d'eux. Ils craignent même que le jour où nous aurons reconquis nos droits sur ces vils despotes, nous ne leur demandions compte du mal qu'ils nous auront fait. Ces considérations ne suffisent pas cependant à leur rendre leur liberté d'action, et ils en sont arrivés à désirer que le pouvoir du Juif se prolonge indéfiniment pour conserver toujours ce mandat dont ils sont si fiers et dont ils usent à notre détriment.

Les Français sont en Algérie les moindres victimes du Juif ; il nous exploite en nous flattant. Mais il n'a pas oublié que l'Arabe en avait fait sa chose et qu'il l'avait par suite mis dans l'impossibilité de s'enrichir aux dépens d'autrui, et il se sert de nous pour exercer une lâche vengeance. Notre fier indigène ne s'est rendu que devant la force, et cette force est aujourd'hui entre les mains du Juif. Celui-ci est inexorable pour l'Arabe, et il espère le dépouiller et en faire son esclave.

Lors de la conquête d'Algérie, nous avons dû laisser l'Arabe en possession de ses richesses ; or, quelques-uns d'entre eux ont encore une fortune considérable. Le Juif, au contraire, qui n'avait rien et qui ne détient aujourd'hui que ce qu'il nous a volé, voudrait que le gouvernement français dépouillât l'Arabe et le chassât du territoire conquis. Il en retirerait un double avantage : d'abord il serait vengé de son ancien maître et n'aurait plus rien à craindre de lui ; ensuite il lui serait plus facile d'accaparer cette fortune si elle était entre les mains de nos nationaux.

Malgré notre docilité, nous n'avons pu cependant nous conformer à cet ordre, car nous avons compris que l'Arabe ne consentirait jamais à quitter l'Algérie et nous savons en outre qu'il aime la France et peut lui être un jour d'une grande utilité.

CHAPITRE XIII

L'ALGÉRIE EST JUIVE

L'Algérie qui a coûté si cher à la France ne lui appartient plus que de nom ; en fait elle est gouvernée par les Juifs. Ces individus, à demi-sauvages, qui, encore aujourd'hui, viennent ramper devant nous, savent cependant qu'ils sont les maîtres. Leur semblant de soumission n'est dû qu'à leur lâcheté. Convaincus en effet que nos forces militaires ne suffisent pas à les protéger, ils font en sorte de ne pas exciter leurs victimes. Ils comprennent que l'Arabe a soif de vengeance, et la moindre incitation de nos nationaux contre eux suffirait à préparer leur anéantissement (1).

Les Français ne se sont jamais révoltés contre le Juif parce qu'ils le savaient incapable de se défendre. Ils ne pouvaient prévoir le rêve de cet être servile. Qu'avaient-ils à craindre de ce faux mendiant qui, après les avoir dépouillés, avait toujours l'air misérable ? Ils le prenaient pour un voleur irresponsable.

Notre confiance devait faire la force de ce dangereux ennemi. S'il supportait nos insultes, il prenait notre argent. La misère allait

---

(1) Nous rappelons ici un fait qui prouve combien les Arabes sont désireux de se venger du Juif :

A la suite d'un assassinat commis sur un Arabe par des Juifs, dans le département d'Oran, plusieurs indigènes se rendirent à la préfecture, et demandèrent au préfet de leur laisser, pendant la journée, toute liberté pour venger la mort de leur frère.

Craignant d'exciter la colère des sollicitants par un refus catégorique, le fonctionnaire demanda quelques heures de réflexion. — Il en profita pour aviser immédiatement le commandant de place, et lorsque les Arabes revinrent chercher la réponse, toutes les mesures avaient été prises pour empêcher cette révolte contre les Juifs. Quelques-uns de ceux-ci, cependant, ayant eu vent du complot, s'étaient déjà sauvés d'Oran, en abandonnant leur famille.

toujours en augmentant par cela seul qu'il accaparait tout, et cependant nous n'osions rien contre lui.

Aujourd'hui, on a enfin compris la conduite du Juif, et on le déteste, mais on ne peut se venger de ce traître, toujours prêt à lécher la main qui le frappe. On espère en outre que les naïfs ne se jetteront plus entre ses griffes et qu'alors il ne pourra plus s'enrichir à nos dépens. On ignore malheureusement que le Juif a si adroitement tendu ses filets, que fatalement nous y tomberons toujours, jusqu'à ce que nous nous décidions à le chasser.

Il est du reste arrivé au dernier échelon, et nous allons nous trouver dans cette alternative : nous placer sous sa domination ou l'exterminer. Nos nationaux ne sont plus rien en Algérie : c'est le Juif qui est tout. Nous avons dit comment il nommait les députés, et nous avons expliqué comment il usait de son influence auprès de ces derniers. Non seulement il fait donner de l'avancement ou révoquer les fonctionnaires d'Algérie, mais encore il est le promoteur des lois concernant notre colonie. C'est toujours humblement qu'il fait une demande ; mais connaissant sa force électorale, il sait qu'il a le droit d'exiger.

Outre les députés d'Algérie, les Juifs ont aussi pour eux certains députés de la Métropole. Grâce à leurs capitaux, leurs coreligionnaires de France ont accaparé tout ce qui pouvait être pour eux de quelque utilité. S'ils ont pour eux la presse juive, nous créerons la presse anti-juive qui sera une arme terrible contre eux, parce que nous publierons jour par jour leurs menées occultes.

Ils ont profité de l'ignorance du peuple à eur égard, et ils ont fait arriver quelques-uns de leurs membres au pouvoir. Ils ont ensuite donné des places importantes, soit aux leurs, soit à ceux qui s'étaient engagés à les servir.

Aujourd'hui, dans chaque remaniement ministériel, les principaux portefeuilles sont confiés à des Juifs et le cabinet entier est à leur dévotion. On redoute leur puissance, mais on s'y soumet, et on sait avec quelle facilité ils renversent les ministères qui ne se plient pas à leurs ordres !

Les Juifs d'Algérie se ressentent de cette puissance. Ils ont comme mandataires leurs députés qui, sollicitant pour des Juifs, obtiennent ce qu'ils demandent d'un ministère sinon Juif, du moins disposé à soutenir les intérêts des Juifs. Or leurs intérêts étant essentiellement opposés à ceux de nos nationaux et à ceux de la colonisation, par cela seul qu'ils ne peuvent exploiter que ceux qui ont recours à eux, ils n'hésitent pas à user de toute leur influence pour empêcher nos colons de retirer le moindre bénéfice des terres à eux concédées ou vendues.

Si on eût donné aux colons les moyens de cultiver les terres ceux-ci n'auraient pas eu besoin de s'adresser à ces usuriers, qui, par suite, n'auraient pu les voler impunément. En favorisant la colonisation par les moyens que nous avons indiqués précédemment, les colons se seraient forcément enrichis ; grâce aux revenus qu'ils auraient retirés annuellement, ils n'auraient pas été contraints d'emprunter et les Juifs n'auraient pu exercer leur commerce illicite. On comprend par là le mobile qui empêchait les députés algériens de rien faire en faveur de nos colons.

Sans la naturalisation des Juifs, l'Algérie serait représentée par des hommes qui, soucieux de ses intérêts et de ceux de la France, signaleraient le mal et indiqueraient le remède. On aurait déjà fait les travaux nécessaires pour faciliter l'agriculture, et aujourd'hui on retirerait de cette colonie des revenus considérables qui seraient la richesse de la France. Mais les Juifs n'avaient qu'un but : travailler à la ruine des Français et accaparer leurs dépouilles. Avec un tel programme, ils devaient employer tous les moyens pour porter atteinte à notre prospérité. Ils savaient que la sécheresse était un terrible fléau pour nos colons d'Algérie et ils s'opposaient à la création de canaux qui auraient facilité l'irrigation.

Le Juif est incapable de tout travail manuel ; il ne vit que par l'usure et c'est là un commerce d'autant plus lucratif que la misère est plus grande. N'étant d'aucune utilité, il est déjà par cela seul un être nuisible ; étant en outre l'ennemi de ceux qui vivent près de lui, il doit, dans l'intérêt général, être relégué dans les pays déserts. Il est vrai qu'exilé il ne pourrait se procurer les choses indispensables à la vie, et pour ne pas mourir de faim, il essaierait encore de pénétrer dans un nouveau pays, où, s'il était admis, il ferait de nouvelles dupes.

Les zoologistes auraient pu faire sur le Juif des études fort intéressantes. C'est un animal d'un genre tout à fait particulier, qui, s'il a quelque ressemblance avec l'homme, en diffère cependant sur bien des points. L'homme est en effet, grâce à son intelligence, un grand innovateur ; il sait se procurer toutes les choses qui lui rendent la vie plus douce ; il sait se servir de tout ce qui est pour lui de quelque utilité ; — le Juif au contraire est non seulement incapable de la moindre invention, mais encore il ne pourrait, s'il était seul, suffire à ses premiers besoins. Il est inférieur aux animaux sauvages et aux animaux domestiques, car il n'a ni le courage des premiers ni la docilité des seconds.

N'ayant pas l'intention de faire un cours de zoologie, nous laissons à nos lecteurs plus ferrés que nous sur la classification des animaux, le soin de voir à quelle catégorie pourrait appartenir le Juif.

La campagne a été si adroitement menée qu'aujourd'hui l'Algérie appartient presque exclusivement aux Juifs. S'ils ne sont pas propriétaires, c'est que la terre n'a pour eux aucune valeur ; ils sont du reste les créanciers de ceux qui possèdent, et lorsqu'à la suite d'une vente judiciaire, provoquée par eux, ils deviennent adjudicataires de terrains hypothéqués, c'est pour les revendre aussitôt. Depuis quelques années, ils épient certains viticulteurs qui, grâce aux capitaux apportés par eux, n'ont pas eu besoin d'avoir recours à leur bourse. C'est là une perte sensible, car ils croyaient avoir seuls le droit de retirer les revenus de toutes les terres cultivées, tandis qu'ils n'ont rien à espérer de ceux qui possèdent l'argent indispensable pour l'exploitation.

Si nous assistions à leurs entretiens intimes, nous entendrions certainement les Juifs dire que c'est une atteinte portée à leur propriété.

Ils étaient tellement habitués à exploiter nos nationaux, qu'ils ne peuvent admettre que quelques-uns se dérobent aujourd'hui et ne leur apportent pas le fruit de leurs labeurs. Ils espéraient sans doute rétablir à leur profit les droits féodaux du moyen âge sur tout le territoire algérien, et ils sont étonnés que les nouveaux arrivants ne leur paient aucune redevance.

Outre ces propriétaires riches et indépendants, quelques commerçants français se sont installés dans les grands centres. Pouvant marcher sans l'argent des usuriers, ils ont fait une baisse considérable sur toutes les marchandises de première nécessité. C'est là un progrès que nous avons constaté avec plaisir, mais il n'est dû qu'à l'initiative privée, et le gouvernement y est complètement étranger. Cette amélioration est du reste bien insuffisante, car tout est encore fort cher par suite des droits exorbitants de transport.

La situation de ces agriculteurs et commerçants laisse beaucoup à désirer ; ils ne sont que des étrangers dans cette annexe de la

France. Malgré leurs droits de voter, ils savent que leurs bulletins sont de nulle valeur, dans ces urnes bourrées de chiffons juifs. Pour toutes les élections, soit communales, soit cantonales, soit législatives, le choix des élus est laissé à la merci de nos exploiteurs. Dans de semblables conditions, ils ne peuvent rien demander à ceux qu'ils auraient évincés si leur voix avait eu le moindre écho. Ils comprennent qu'aucune modification ne peut être apportée de longtemps à cet état de choses, du moment où les Juifs seront toujours assez nombreux pour conserver ces droits dont ils connaissent l'importance.

Ce que nos nationaux auraient désiré pour diminuer la puissance du Juif, c'eût été la mise en pratique du décret du 24 octobre 1870, relatif à la naturalisation des Arabes. Par malheur les Juifs avaient compris le danger qui résulterait pour eux de cette naturalisation, et leurs coreligionnaires de France étaient assez puissants pour s'y opposer.

Si l'Arabe eût été électeur, il se serait naturellement mis du côté des Français, et alors les *grands électeurs juifs* auraient dû renoncer à désigner les candidats. Les nouveaux élus auraient reçu le mandat de signaler la situation en Algérie et de demander les crédits nécessaires pour l'exécution des travaux indispensables au développement de la colonisation.

Les Juifs de France se seraient opposés à ces améliorations, mais ils n'auraient pas eu assez d'influence sur nos députés de province qui, comprenant l'utilité des réformes demandées, n'auraient pas hésité à les voter. L'insistance des représentants Juifs leur eût peut-être dessillé les yeux, et s'apercevant que ces vils despotes travaillaient à notre ruine, ils auraient diminué leur puissance et préparé leur chute.

Pour rester les maîtres de l'Algérie, les Juifs devaient donc s'opposer à la naturalisation des Arabes. Des ordres formels furent donnés à nos fonctionnaires, et chaque demande, même adressée par ces braves soldats qui avaient toujours vaillamment fait leur devoir, restait enterrée dans les dossiers. Il en est de même aujourd'hui, et les Arabes ont compris qu'ils n'obtiendront jamais la qualité de citoyen français, tant que le Juif sera au pouvoir.

Nos humbles exploiteurs savent qu'ils n'ont rien à craindre des Français, et ils voient que l'Arabe seul peut être un danger pour leur sécurité; aussi ne se contentent-ils pas de lui refuser la naturalisation, ils cherchent encore à l'asservir complètement. Pour atteindre ce but, ils ont été les promoteurs d'une loi connue sous le nom d'*indigénat*, et qui a été faite exclusivement contre les Arabes.

L'indigénat (1) se compose de cinquante à soixante articles, que nous voudrions énumérer, pour mieux montrer l'atteinte portée à la liberté de nos indigènes. Les fonctionnaires administratifs et judiciaires peuvent

---

(1) Tous les articles de l'indigénat étant plus absurdes les uns que les autres, nous n'avons pas jugé utile de les insérer dans cet ouvrage. Qu'il nous suffise de dire que tout fonctionnaire peut faire l'application de la peine édictée par l'indigénat, sans donner ou entendre la moindre explication.

condamner sans appel l'Arabe à cinq jours de prison et 15 francs d'amende. Cette condamnation peut être prononcée indifféremment sur tous les points du continent algérien et sans aucune formalité. Par cela seul qu'un Arabe coudoie un représentant de la loi, il peut être condamné sur-le-champ à la peine ci-dessus spécifiée. Ces condamnations sont d'autant plus injustes que ceux mêmes qui sont chargés de les prononcer, sont à la discrétion des Juifs, pour les raisons énumérées plus haut. C'est là une vengeance dont nous nous indignons, et contre laquelle nous ne pouvons rien.

Nous ne sommes plus en Algérie que les exécuteurs de la volonté des Juifs. Si nous les méprisons, si nous les insultons, nous n'en sommes pas moins soumis à leurs ordres. C'est un esclavage qui nous humilie, mais dont nous ne pouvons sortir. Si ces maîtres inavoués agissaient ouvertement, nous nous révolterions et briserions les liens qui nous étreignent, tandis que nous ne pouvons châtier ces êtres rampants, qui, tout en commandant, semblent disposés à obéir. Leur lâcheté et leur hypocrisie sont des armes que nous ployons facilement, mais que nous ne pouvons briser.

Le Juif d'aujourd'hui ne ressemble plus à celui d'il y a vingt ou trente ans. Bien qu'aussi illettré, bien que vêtu de la même manière, il sait cependant qu'il est seul maître. N'ayant pas la force nécessaire pour conserver et étendre sa puissance, il doit, pour la maintenir, se couvrir du bouclier de celui-là même qu'il veut asservir.

L'Algérie est juive par nous et contre nous. C'est en France surtout qu'on a puisé la force nécessaire pour arriver à ce résultat. Si nos premiers fonctionnaires, fascinés par l'hypocrisie des Juifs, ont été leurs complices inconscients, il n'en est plus ainsi depuis la naturalisation, et ceux qui les protègent agissent généralement contre leur gré, mais ils y sont forcés s'il ne veulent perdre une place qui est leur seul gagne-pain.

Les lois françaises étant édictées par les Juifs, ceux d'Algérie savent qu'elles ne peuvent que porter atteinte aux intérêts de nos nationaux. Pour que l'application en soit faite sans protestation, ils doivent paraître humbles et soumis auprès de ceux qu'ils veulent exploiter.

CHAPITRE XIV

PATRIOTISME DU JUIF

Lorsqu'un étranger demande à se faire naturaliser dans un pays, c'est qu'il aime déjà son pays d'adoption. Il veut y vivre, mais il est prêt à le défendre. La qualité de citoyen lui confère des droits, mais lui impose des devoirs ; s'il veut jouir des uns, il doit être prêt à accomplir les autres. Il sait que dans chaque nation les habitants doivent se protéger mutuellement. Outre l'impôt du sang et l'impôt de l'argent, il est moralement obligé de travailler au bien-être général.

Le Juif fait exception à cette règle primordiale ; il ne demande la naturalisation que pour pouvoir plus librement exercer ses exploits. Il n'aime et ne connaît personne, et lorsqu'il s'installe quelque part, c'est qu'il y voit ses intérêts. Il veut jouir des avantages de la naturalisation, sans en remplir les charges.

Malgré leur fortune considérable, les Juifs voudraient s'exempter de tous les impôts. Pour l'impôt de l'argent, ils ne peuvent s'y soustraire entièrement.

Les Juifs qui ne sont que des marchands d'argent, n'ont, la plupart du temps, un petit magasin que pour attirer des emprunteurs. Leur patente est alors très faible, alors qu'ils font un trafic important et réalisent des bénéfices considérables.

Ceux qui possèdent des propriétés d'agrément, ont fait classer leurs terres dans la dernière catégorie et ne sont par suite que fort peu imposés. L'influence des Juifs se fait ressentir partout et s'ils osaient, ils demanderaient à être complètement exemptés de l'impôt foncier. Ils trouveraient peut-être un moyen pour expliquer ce privilège à leurs salariés et à leurs naïves victimes.

Leur but étant, comme nous l'avons déjà dit, de travailler à la ruine de la France, ils regrettent cet argent qu'ils sont obligés de verser au percepteur.

Les Juifs ne voudraient être astreints à aucune obligation. Être protégés par le législateur, alors qu'ils violent continuellement la loi, voilà leur seul désir. Il est cependant des charges dont ils ne peuvent s'exempter sans s'aliéner ceux dont ils ont encore besoin, et le paiement de l'impôt est une des principales.

Quant à l'impôt du sang, les Juifs font en sorte de ne le payer jamais. Ils usent de la puissance acquise pour faire exempter du service militaire une partie de leurs coreligionnaires de France. En temps de paix, ils ne sauraient se plier à cette discipline qui fait la force de nos armées; en temps de guerre, ils refuseraient de marcher au feu et encombreraient nos hôpitaux.

Ce n'est pas seulement la cupidité d'une part et la lâcheté de l'autre qui les empêchent de remplir ces charges obligatoires; il faut y ajouter leur inimitié naturelle pour les peuples au milieu desquels ils vivent. Dans chaque acte de leur vie, ils ne voient que leurs intérêts personnels, et s'ils y trouvent leurs avantages, ils livreront à l'ennemi le pays où ils ont vécu et qu'ils ont feint d'adopter. Tout récemment encore, nous venons d'être témoins d'une terrible crise provoquée par eux. De concert avec leurs coreligionnaires qui habitent l'Allemagne et l'Angleterre, ils ont, par de fausses nouvelles, jeté le désarroi à la Bourse. La baisse considérable des rentes françaises et étrangères leur a permis de réaliser de gros bénéfices au détriment des divers peuples européens. Tous ces bruits de guerre qui ont inquiété l'Europe pendant quelques mois, venaient d'eux et seuls ils ont profité de leurs conséquences (1).

Nous revenons au patriotisme proprement dit du Juif en Algérie. Nous ne répéterons pas ce que nous avons dit d'eux, en parlant de la

---

(1) Nous engageons nos lecteurs à voir à cet égard l'importante brochure : *Pas de guerre, — Complot Juif-Allemand,* — publiée par le comité anti-israélite universel.

guerre de 1870-1871, nous nous bornerons à montrer comment ils ont reconnu la faveur dont ils ont été l'objet à cette époque.

Comme Français, les Juifs devaient forcément être enrôlés dans nos armées. En France, il leur était assez facile d'éluder la loi et de se faire exempter. Il ne pouvait en être ainsi en Algérie, où ils formaient la majeure partie des citoyens *dits* Français. Quelques-uns arrivaient bien, grâce à la protection des hauts fonctionnaires, à se faire réformer, mais il ne pouvait en être ainsi de tous, car, bien que lâche, le Juif est généralement d'une constitution assez robuste. Dans de telles conditions, il fallut pour les protéger efficacement faire une loi spéciale pour l'Algérie. Tous les Français d'Algérie ne furent plus astreints qu'à une année de service militaire. Cette loi avait le grave inconvénient de protéger également nos nationaux, mais on ne pouvait faire une distinction. Il fut toutefois décidé que cette faveur ne serait accordée qu'à ceux qui habitaient l'Algérie depuis un certain temps ; quant aux conscrits, attachés à un service public, ils devaient, pour jouir de ce privilège, prendre l'engagement de rester dans la colonie pendant dix ans. Cette exception ne pouvait s'appliquer aux Juifs qui, pour la plupart, étaient nés en Algérie; elle ne frappait que les Français.

Les soldats juifs furent autant que possible placés, pour leur année de service, dans les divers bureaux de l'intendance; quelques-uns furent enrégimentés dans les zouaves. Ces derniers étaient encore suffisamment protégés pour se faire exempter très souvent de l'exercice. On les laissait toujours en garnison dans la ville qu'ils habitaient, en sorte qu'ils trouvaient fort peu de changement avec leur vie habituelle.

On les reconnaissait très facilement sous le costume militaire, mais si on les rencontrait souvent dans les rues, il était rare de les voir dans les rangs. C'était pour eux un service obligatoire qu'on leur imposait, mais n'ayant pas l'intention de jamais se mettre au service de la France, ils n'avaient pas besoin d'apprendre le maniement des armes.

Dans les diverses expéditions qui ont suivi

la naturalisation, les Juifs ont toujours trouvé moyen de ne pas quitter le sol natal; il leur suffisait pour cela de changer de bataillon. Lors de la campagne de Tunisie, tous les Juifs enrégimentés dans les compagnies qui avaient reçu l'ordre de partir, permutèrent aussitôt grâce à la protection de leurs chefs, et aucun d'eux ne quitta l'Algérie.

Pour l'expédition du Tonkin, qui fut autrement terrible que celle de Tunisie, on dut envoyer une partie de notre effectif d'Algérie; bientôt même, on dut recruter des volontaires. Tandis que les Juifs soldats permutaient à mesure que leurs compagnies s'embarquaient pour cette terre lointaine, les Arabes au contraire demandaient à faire partie de chaque nouvel envoi. Sur notre appel, ces indigènes se présentèrent en si grand nombre qu'on dut en refuser une partie.

Pendant cette campagne du Tonkin, les Juifs nous ont montré jusqu'où allait leur patriotisme. Constantine a été tout particulièrement le théâtre de certains faits qui, bien que d'une grave importance, n'ont pas été réprimés. Lors d'un envoi de tirailleurs, parmi lesquels un grand nombre de volontaires, les Juifs eurent la lâcheté de huer nos généreux soldats, en leur criant en langue arabe : à la boucherie, mort aux Arabes. Ces traîtres, comptant sur notre protection, se croyaient tout permis, lorsqu'ils étaient cantonnés dans les grandes villes. Il n'en fut pas ainsi ce jour-là et les Arabes, poussés à bout, gagnèrent le quartier juif et en auraient exterminé tous les habitants si cette légitime révolte n'eût été réprimée par les autorités françaises. Les Arabes avaient été si expéditifs que quelques Juifs payèrent de leur vie cette inqualifiable provocation. Ils avaient si souvent injurié les Arabes dans les grands centres, qu'ils croyaient pouvoir toujours leur lancer impunément les plus sanglants outrages (1).

Dans cette rixe amenée par les Juifs, ceux-

---

(1) Cette affaire, qui a eu un assez grand retentissement en Algérie, ne s'est pas ébruitée en France. C'est à peine si quelques journaux ont parlé d'une bagarre entre Juifs et Arabes, mais sans en faire connaître le motif.

ci ne songèrent même pas à se défendre; ils demandaient humblement grâce à ceux qu'ils venaient d'insulter. Les Arabes restèrent sourds à leurs prières, et s'ils n'avaient été arrêtés à temps, ils auraient certainement fait une immense pâtée de tous les Juifs de Constantine.

Si le Juif détestait l'Arabe, parce que celui-ci l'avait mis autrefois dans l'impossibilité de nuire, il devait oublier momentanément sa haine, pour ne voir que l'homme qui va librement risquer sa vie dans les pays lointains pour soutenir l'honneur du drapeau français! Les intérêts de la France ne préoccupaient guère le Juif, et il lui importait peu que nous soyons vaincus et que nos soldats arrosent de leur sang cette terre étrangère. Outre cette lâcheté qui l'empêchait de lutter pour son pays d'adoption, on constatait chez lui la plus complète indifférence dans toutes les luttes sanglantes qui pouvaient compromettre l'avenir de la France.

Si les autorités avaient le devoir d'empêcher le massacre des Juifs, qui n'était dans la circonstance qu'un juste châtiment, c'était à elles également qu'il incombait de faire une enquête sérieuse sur les causes de la provocation et de sévir ensuite contre ces êtres méprisables qui avaient insulté nos braves volontaires. Cette affaire fut malheureusement laissée de côté et la presse même qui avait reçu des ordres à cet égard n'en dit que quelques mots. Nous sommes même porté à croire que si nos tirailleurs étaient restés en Algérie, c'est eux qui auraient été poursuivis.

L'arrivée de nos troupes d'Afrique au Tonkin changea bien vite la face des choses. Ils repoussèrent les Pavillons-Noirs et accumulèrent victoires sur victoires; les nouvelles, si inquiétantes quelques mois auparavant, devenaient de jour en jour plus rassurantes. Chaque dépêche nous annonçait cependant la mort de quelques-uns de nos soldats, et les tirailleurs n'étaient pas les plus épargnés. Lors de la défaite de Lang-Son, qui jeta une si grande perturbation dans les esprits, les Arabes laissèrent un grand nombre des leurs sur le champ de bataille. Nos pertes furent tellement exagérées, que ce fut pendant quelques jours un véritable deuil pour la France.

Pendant que les Français pleuraient leurs frères ou leurs fils morts à des milliers de lieues de leur pays, les Juifs d'Algérie fêtaient au contraire publiquement notre défaite. Ils savaient qu'elle avait coûté la vie à des centaines de tirailleurs, et c'était pour eux le résultat le plus satisfaisant. Ils se préoccupaient du reste fort peu de nos désastres, et ils ne voyaient dans cette nouvelle terrifiante que l'assouvissement de leur vengeance.

Les Arabes n'étaient heureusement pas tous partis pour le Tonkin; il en restait assez en Algérie pour châtier les insultes adressées à leurs frères morts au champ d'honneur. En entendant les cris d'allégresse et surtout en en apprenant la cause, ils n'hésitèrent pas à renouveler ce qu'avaient fait avant leur départ, ceux qui ne pouvaient plus se venger. Ils se répandirent dans le quartier juif, et firent bien vite cesser les fêtes bruyantes de ces êtres lâches et inhumains; au lieu de « *mort aux Arabes* », ils crièrent « *mort aux Juifs* » et ne tardèrent pas à mettre leurs menaces à exécution. Ce fut encore une surprise pour les Juifs qui ne croyaient pas à tant de hardiesse de la part des Arabes, réduits par eux à un demi-esclavage. Ils furent encore protégés pas nos autorités qui les arrachèrent à une mort certaine, car les Arabes étaient bien décidés à n'épargner aucun de ceux qui leur tomberaient sous la main.

Ces faits ne se produisirent pas qu'à Constantine ; ils eurent leur écho dans toutes les grandes villes et principalement à Alger et à Oran. Les journaux d'Algérie n'en parlèrent que fort peu et ceux de France ne signalèrent pas même ces infamies à la vindicte publique. Les organes les mieux renseignés appartenaient du reste aux Juifs, et ceux-ci avaient tout intérêt à garder le silence.

Nos lecteurs ne peuvent, après un tel exposé, conserver le moindre doute sur le patriotisme des Juifs. Ils sont heureux de nos désastres, s'ils en retirent le moindre avantage. Ils n'aiment pas la France qui a été pour eux la *poule aux œufs d'or*, et ils n'aimeront jamais aucune nation. Guidés par l'égoïsme et la cupidité, ils n'hésiteront jamais à livrer leurs protecteurs aux mains d'un ennemi qui leur paiera leur trahison.

CHAPITRE XV

EN FRANCE ET EN ALGÉRIE

Dans le courant de cet ouvrage, nous avons souvent parlé des Juifs de France, qui sont continuellement appelés à jouer un rôle important auprès de leurs coreligionnaires d'Algérie. Si les uns et les autres sont *juifs*, il existe cependant entre eux certaines différences que nous allons chercher à établir.

En Algérie, les Juifs règnent par le nombre; en France, ils doivent leur puissance à leurs capitaux. De part et d'autre leur force vient de leur union, car ils ne peuvent rien les uns sans les autres. Tandis que les uns, sous le voile de l'hypocrisie, se sont mis à la tête de nos affaires et dirigent notre politique intérieure et notre politique extérieure, les autres nous ont aliéné l'Arabe, qui pouvait être pour nous un puissant auxiliaire.

Les Juifs établis actuellement en France nous viennent de tous les pays; nous y trouvons le Juif allemand, le Juif roumain et le Juif indigène; en Algérie, au contraire, nous ne rencontrons guère que ce dernier. Il est certain toutefois que tous sont d'une commune origine, et dans le commencement du XVIII° siècle, ils étaient presque inconnus en Europe. A cette époque, ils avaient à peu près abandonné l'Asie, pour se répandre en Afrique où ils vivaient encore à l'état primitif.

Les premiers Juifs qui vinrent en Europe se fixèrent dans les divers petits États qui forment aujourd'hui l'Allemagne; quelques-uns s'établirent en Angleterre, très peu vinrent en France. A peine arrivés, ils cherchèrent à poser les bases de leur future puissance. Ils purent agir d'autant plus librement qu'on ne leur demanda pas qui ils étaient, ni d'où ils venaient? Ils se trouvaient du reste au milieu de paysans naïfs et illettrés qu'il leur était très facile d'exploiter.

Quels qu'aient été les moyens employés par les Juifs, on les voyait s'enrichir de jour en jour au détriment du peuple, et quelques-uns d'entre eux se sont bien vite fait remarquer par leur immense fortune. Dans la province de Hesse-et-Nassau, à Francfort-sur-le-Mein, un juif, nommé Rothschild (1), avait fondé la plus grande maison de banque du monde. Nos lecteurs savent comment cette fortune est allée en prospérant au détriment de toutes les nations européennes.

Au siècle dernier, les Juifs avaient compris

---

(1) Le roi de la finance actuel, Alphonse Rothschild, qui ajoute à son nom le titre de *baron*, a appris avec peine la publication du remarquable ouvrage de M. Ed. Drumont, la *France Juive*. Il a été frappé de l'exactitude de tous les faits racontés sur lui et sa famille. Il s'est demandé où l'auteur avait puisé tous ses renseignements ?

Rothschild s'est gardé de répondre aux dures vérités exposées par M. Drumont. Il espérait peut-être que cet important ouvrage ne serait pas lu et par suite que les ignobles exploits des financiers juifs resteraient inconnus !

qu'ils ne pouvaient rien faire en France et c'est pour ce motif qu'ils ne s'y étaient pas établis. Ils savaient en effet que nos seigneurs, déjà fort sévères pour leurs vassaux, ne se laisseraient pas exploiter par eux et ne les toléreraient qu'autant qu'ils seraient capables d'exécuter certains travaux manuels. Le peuple avait déjà beaucoup à faire pour nourrir son seigneur et celui-ci ne voulait pas chez les roturiers de bouches inutiles.

Lorsque éclata la Révolution de 1789, certains Juifs crurent le moment opportun pour faire leur entrée en France. Ils comptaient sans l'énergie et la fermeté de ce peuple, qui, après avoir versé son sang pour conquérir sa liberté, ne semblait pas disposé à l'aliéner. Ils comprirent que les Français ne se laisseraient

---

En présence du succès presque sans égal de la *France Juive*, les Rothschild ont compris que leur règne touchait à sa fin. Ils ont vu que M. Drumont n'avait fait que rendre publique la secrète pensée qui préoccupait tous les Français.

Après l'*Algérie juive*, nous révélerons dans un second ouvrage, les nouveaux exploits de ces rois de la finance. Nous les démasquerons et les livrerons tels qu'ils sont à la publicité.

pas facilement duper et ils furent obligés de renoncer, pour quelque temps du moins, à exercer leur commerce dans la plus riche nation de l'Europe.

Il ne resta en France qu'un faible noyau de cette race maudite, et ce noyau demeura à peu près stationnaire jusqu'aux dernières années du règne de Napoléon III. A cette époque, nous avions bien déjà quelques riches capitalistes juifs, mais comme ils semblaient ne pas trop se mêler de nos affaires, on se préoccupait fort peu de leur origine. Dans chaque emprunt national, ils avaient acheté la plus grande partie des titres de rentes et étaient par suite les créanciers de l'État, mais on ne les distinguait pas des autres bailleurs de fonds. Le moment de se montrer n'étant pas encore arrivé, ils cherchaient surtout à garder l'incognito (1).

(1) Si les Juifs semblaient rester étrangers à notre politique, ils n'en avaient pas moins les coudées franches, grâce à la complicité du gouvernement, pour exploiter nos nationaux. Dans la *France juive*, M. Drumont raconte comment les Rothschild allaient dans les

Les Juifs n'espéraient pas arriver au pouvoir sous un gouvernement monarchique ; ils savaient en effet qu'aucun monarque n'abdiquerait ses droits en leur faveur. Ils voyaient avec plaisir que l'Empire perdait tous les jours du terrain, tandis que le parti démocratique prenait une grande extension. S'ils ne pouvaient agir, ils devaient se préparer ; aussi cherchèrent-ils déjà à s'allier aux chefs du parti républicain ! Ils comprenaient que c'était sous une République seulement qu'ils pouvaient préparer leur future dynastie.

Lorsque fut proclamée, le 4 septembre 1870, la troisième République française, les Juifs avaient si bien préparé leur avènement que quelques-uns se firent nommer membres du gouvernement provisoire. L'occasion était d'autant plus favorable pour eux que la France en deuil ignorait encore le nom de quelques-uns des hommes qui avaient pris en mains les rênes de l'État ; elle ne voyait que des citoyens,

ministères prendre connaissance des dépêches secrètes, vingt-quatre heures au moins avant que le public fût avisé.

qui, après la trahison de l'empereur à Sedan, s'étaient emparés du pouvoir pour sortir notre fière nation de la terrible impasse où on l'avait jetée.

Les Juifs avaient donc fait un premier pas décisif et ils étaient décidés à ne pas perdre de terrain. Pour accroître leur puissance, ils appelèrent près d'eux tous leurs coreligionnaires qui végétaient en Europe et ils obtinrent en outre la naturalisation pour les Juifs indigènes d'Algérie.

Aussitôt après la guerre contre l'Allemagne, des milliers de Juifs vinrent s'installer à Paris et dans toutes les grandes villes de France. On les connaissait encore fort peu, car tous ceux qui vivaient déjà parmi nous avaient caché leur jeu pour ne pas s'aliéner le peuple. Cet envahissement passa en quelque sorte comme inaperçu. Il ne devait pas en être longtemps ainsi, car ils ne s'étaient répandus sur tout le territoire que pour agir immédiatement et d'un commun accord.

Nous aurions pu arrêter le Juif dès le principe si nous avions connu son but, malheureusement nous étions dupes de son hypocrisie.

On s'aperçut bientôt que l'agriculture était aux abois, que le commerce allait en périclitant, mais on ne chercha la cause du mal que lorsque la misère, qu'on attribuait d'abord aux désastres de 1870-1871, fut devenue inquiétante et que le crédit fut mort. On comprit alors que le Juif était le seul détenteur de l'argent et que la ruine de la France était son fait, mais il était trop tard pour réagir. Le Juif était déjà au pouvoir et nous étions gouvernés, sinon par lui, du moins par ses hommes. Il avait bien à redouter une révolte, mais il savait que le peuple était trop insuffisamment fixé sur les procédés des Juifs pour agir immédiatement. Pour éviter un revirement des esprits, il attirait à lui ceux qu'il avait le plus à redouter.

Les Juifs indigènes de l'Algérie ne devaient pas rester dans l'inaction; ils avaient reçu l'ordre de lutter contre les Arabes et d'arriver à leur anéantissement. Ils devaient continuellement nous stimuler contre eux pour nous empêcher de récompenser leurs services.

Tant que nous traiterons les Arabes, sinon en ennemis, du moins en esclaves, les Juifs n'auront rien à craindre d'eux; si, au contraire, en reconnaissance de ce qu'ils ont fait pour la France, nous les traitons en amis et leur donnons la qualité de citoyens français, ils nous initieront à la manœuvre des Juifs et nous obligeront à les chasser de notre territoire.

Les Juifs de France n'avaient pas une pleine et entière confiance en l'adresse de leurs co-religionnaires d'Algérie; ils les savaient animés de la meilleure volonté, mais ils craignaient quelques fausses manœuvres de leur part; aussi leur envoient-ils comme instructeurs quelques Juifs allemands!

Pour les Juifs, il ne suffisait pas de dépouiller nos nationaux et de voler les Arabes, il fallait avant tout maintenir ces derniers à distance. Pour cela, les Juifs indigènes devaient avoir comme alliés, contre leurs anciens maîtres, tous les fonctionnaires français.

Dès que l'insurrection de 1871 fut réprimée, les Juifs acquirent une sécurité qui devait les aider à préparer leur force. Mais s'ils n'avaient rien à craindre de la brutalité des Arabes, ils étaient forcés de se placer entre eux et nous, pour éviter un rapprochement préjudiciable. C'est dans ce but que les Juifs européens sont venus s'adjoindre à ceux d'Algérie.

Revenons en France à nos terribles despotes et voyons comment ils espèrent nous maintenir sous leur puissance.

Les Juifs craignent le peuple, parce qu'ils savent que, pour revendiquer ses droits, il est prêt à employer la force. A un moment donné, la moindre incitation suffirait pour amener une émeute qui serait forcément dirigée contre ces exploiteurs, reconnus aujourd'hui comme les auteurs de nos maux. Pour parer à cette éventualité, les Juifs essaient d'attirer le peuple à eux (1).

La maison Rothschild est chargée de faire des aumônes aux malheureux. Cette générosité

---

(1) C'est dans ce seul but que les Rothschild font quelques aumônes, et donnent une si grande publicité à leur générosité factice. Le Français ne se laissera pas longtemps attirer par cet appât trompeur.

peut sembler extraordinaire à nos lecteurs, après ce que nous avons dit des Juifs, mais nous montrerons qu'elle est par trop factice, et qu'elle n'est pas faite dans un but désintéressé.

Chaque Juif base tous les actes de sa vie sur l'intérêt qu'il doit en retirer. Or, lorsque Rothschild promet d'aider ceux qui sont dans le besoin, c'est qu'il craint de voir un jour une masse d'affamés lui dire : Tu as accaparé tout l'argent, tu as ruiné ceux qui nous occupaient, c'est par ton fait que nous sommes sans travail et nous allons nous venger. Il craint surtout que, s'excitant les uns les autres, tous ces malheureux ne se révoltent contre lui et les siens.

Outre ces aumônes, nous le voyons afficher sa générosité en versant des sommes variant entre dix ou vingt mille francs, lorsqu'une catastrophe se produit en France. Tous les journaux parlent de ce don et ajoutent quelques commentaires en faveur du donataire; mais ils oublient de dire qu'il est facile de donner de temps à autre quelques milliers de francs, à celui qui retire continuellement des millions de cette cagnotte qu'on appelle la Bourse.

Bien qu'habitants des villes, les Juifs ont fait sentir leur influence jusque dans les campagnes. Ils ont porté atteinte à l'agriculture en demandant, au préjudice du propriétaire, l'augmentation dans des proportions considérables de l'impôt foncier. Aujourd'hui la propriété est presque sans valeur; elle est une lourde charge pour celui qui ne peut la cultiver, aussi plusieurs propriétaires sont-ils obligés de laisser une partie de leurs terres incultes!

Voilà où nous a conduits notre confiance en cet homme que nous ne connaissions pas! Après nous être endormis, nous allons enfin nous réveiller pour mettre fin à ce règne qui n'a que trop duré.

CHAPITRE XVI

L'ARABE AIME LA FRANCE!

Après avoir fait connaître les mœurs des Arabes, nous croyons utile d'exposer nettement leur conduite depuis la conquête de l'Algérie. Nous avons déjà dit ce qu'était pour eux le Juif, avant que nous les ayons placés sous notre domination. Il était une chose de nulle valeur, et s'ils ne l'avaient pas exterminé, c'est qu'ils le croyaient incapable de jamais devenir nuisible. Ils le savaient tellement lâche qu'ils ne pouvaient supposer qu'un peuple pût jamais se laisser exploiter par lui.

Avant notre première expédition, les Arabes

vivaient tranquillement chez eux, dans le *farniente*, ne croyant pas qu'on cherchât à s'emparer du territoire où ils s'étaient fixés. Bien que fiers et courageux, ils n'avaient aucune notion du métier militaire. Ils étaient prêts dans toute circonstance à vendre chèrement leur vie, mais étant indisciplinés et ne possédant aucun engin de guerre, ils étaient incapables de se défendre contre des guerriers aussi redoutables que les Français.

Les Arabes ne se plièrent que difficilement sous notre joug, ils luttèrent jusqu'à la dernière extrémité et ne s'inclinèrent que devant notre force. Ils essayèrent plusieurs fois de reconquérir leur indépendance, mais ils comprirent que leurs efforts resteraient toujours infructueux. Ils se soumirent alors et manifestèrent le désir de servir la France.

Nous ne pouvions de prime abord ajouter foi aux promesses des Arabes, mais il était de notre devoir de les mettre à l'épreuve et de voir si nous devions compter sur leur concours. Nos nationaux qui allaient s'installer en Algérie étaient appelés à vivre au milieu de ces indigènes ; aussi valait-il mieux les avoir comme amis que de les traiter en esclaves !

L'effectif de notre armée ne nous permettait pas de laisser dans notre nouvelle colonie les troupes nécessaires pour maintenir la tranquillité. Il nous fallait donc chercher de nouvelles recrues, et nous ne pouvions en trouver en France qu'en réformant complètement notre organisation militaire. On fit alors appel à nos indigènes d'Algérie, en s'adressant tant aux Juifs qu'aux Arabes. Tandis que les premiers brillèrent par leur silence, les seconds, au contraire, se présentèrent en si grand nombre qu'on dut en refuser une partie et n'accepter que ceux qu'on pouvait équiper.

On forma pour les Arabes des régiments spéciaux de cavalerie (spahis), d'infanterie (tirailleurs). A part les hommes appelés à faire des sous-officiers (le cadre), ces régiments étaient exclusivement composés d'Arabes.

Lorsqu'on fit appel à la bravoure de ces nouveaux soldats, ils furent aussi disposés à partir qu'ils l'avaient été à s'enrôler. Ils prirent part à toutes les campagnes de la France sous le règne de Napoléon III, et firent toujours vaillamment leur devoir.

Pendant la campagne contre l'Allemagne, on demanda, outre les hommes déjà enrégimentés, quelques indigènes volontaires. Il s'en présenta plus qu'on ne pouvait en prendre par suite de notre mauvaise organisation. Ces hommes, pour qui nous avions été de cruels despotes, étaient heureux d'aller se battre pour la France, et tous ceux qui les virent à l'œuvre purent apprécier leur courage.

Ainsi que nous l'avons dit dans le cours de cet ouvrage, un sénatus-consulte de 1865 et plus tard un décret de 1870 promirent la naturalisation aux Arabes qui en feraient la demande. En leur faisant cette promesse, on ignorait leur attachement pour la France et on ne pouvait prévoir s'ils se rendraient dignes de cette faveur. Lorsqu'on les eut vus à l'œuvre, les hommes qui étaient à la tête du gouvernement étaient légalement et moralement engagés à accorder la qualité de citoyens français à ces indigènes qui venaient de verser leur sang pour nous.

Les Français auraient volontiers récompensé la belle conduite des Arabes, mais ils avaient déjà aliéné une partie de leur liberté en faveur des Juifs. Ceux-ci devaient user de toute leur influence pour nous empêcher de prouver notre reconnaissance à nos braves indigènes.

Les Arabes considérèrent notre conduite comme une infâme trahison, et ils se révoltèrent une dernière fois pour reconquérir leur indépendance. Cette insurrection aurait pu avoir des conséquences fâcheuses, si nos tirailleurs et nos spahis s'étaient tournés contre nous, et si quelques chefs arabes n'avaient cherché à rassurer les esprits. Ils avaient cependant raison de se révolter, puisque, malgré nos promesses, nous refusions d'accepter ces puissants auxiliaires.

Avec un caractère aussi élevé que le nôtre, on ne peut comprendre notre conduite, et si les faits que nous racontons n'étaient encore présents à la mémoire, on serait autorisé à mettre en doute notre bonne foi. Pour obéir aux Juifs qui, depuis la conquête, n'avaient fait que nous exploiter, nous refusons la naturalisation à ces hommes, si disposés à nous servir.

Les chefs Arabes ont certainement compris que notre ingratitude était le fait des Juifs, et ils se sont opposés à la révolte de leurs sujets, bercés par l'espoir qu'un jour nous reconnaîtrions notre erreur et chasserions de France ces vils exploiteurs. Ils ne pouvaient admettre en effet qu'un peuple aussi courageux que le Français pût être longtemps dupe de gens aussi lâches. Ils regrettaient d'autant plus notre méprise qu'ils nous savaient trop bons pour châtier un jour comme elle le méritait cette race maudite.

Malgré notre conduite, les Arabes ont vu qu'ils étaient victimes d'une intrigue, qui, bien que dirigée contre eux, serait préjudiciable à la France. Ils voulaient reconquérir leur indépendance pour se venger librement des Juifs ; n'ayant pas réussi à la reconquérir, ils se sont plus que jamais ralliés à nous, convaincus que nous saurions bientôt distinguer nos véritables amis.

Les Arabes se sont donc enrôlés de nouveau dans nos régiments algériens et ont ainsi augmenté l'effectif de ces troupes d'élite dont nous avons si souvent apprécié la valeur. Dans chaque expédition, ils ont toujours demandé à partir les premiers.

Lors de la campagne de Tunisie, nous savons de quelle utilité ils ont été pour la France et combien ils ont contribué à nos succès !

Dans la plus récente expédition du Tonkin, nos lecteurs se rappellent combien leur arrivée a changé la face des choses ! Les journaux officiels de cette époque affirmaient qu'une poignée d'hommes suffirait à conquérir et à pacifier ce pays lointain. Malheureusement les nouvelles devenaient de moins en moins rassurantes, et nos députés comprirent un peu tard qu'ils avaient inconsciemment accordé leur confiance à un ministère qui ne la méritait pas.

Il était trop tard pour reculer, et à moins de renier leurs premiers votes, nos représentants durent accorder de nouveaux crédits, qui permirent aux ministres de la guerre et de la marine d'envoyer quelques milliers de soldats.

On s'adressa encore aux Arabes et on demanda des volontaires. Il s'en présenta 30,000, sur lesquels on en prit 3,000 qui furent embarqués pour le Tonkin.

Les tirailleurs avaient sur nos soldats français un avantage considérable; ils ne craignaient pas la chaleur, ils supportaient facilement les plus lourdes fatigues et ils étaient habitués aux privations.

Grâce à ces avantages, à leur courage et à leur attachement pour la France, ils furent de puissants auxiliaires et contribuèrent pour une large part, sinon au succès, du moins à hâter le résultat depuis si longtemps désiré.

Nous ne sortirons pas de notre sujet pour faire l'historique de cette campagne contre laquelle nous nous sommes toujours élevé; nous n'avons voulu dire que quelques mots du rôle qu'y ont joué nos indigènes d'Algérie. Beaucoup d'entre eux sont tombés sur cette terre lointaine, mais ceux qui sont revenus avaient la satisfaction du devoir accompli.

Quelques médailles militaires ont été la seule récompense accordée à nos braves volontaires. Cette indifférence de notre part n'a cependant pas refroidi leur ardeur et ils répondront toujours à notre appel lorsque nous aurons besoin d'eux.

Si une guerre éclatait aujourd'hui contre l'Allemagne, nous devrions compter sur les Arabes, malgré notre puissant effectif en temps de guerre. En étant prêts à équiper ceux qui se présenteraient, nous formerions là un corps d'armée redoutable qui voudrait connaître la route de Berlin.

Les Allemands ont si bien compris de quelle utilité pourraient être pour nous les Arabes dans une guerre contre l'Allemagne, qu'ils cherchent à se rendre compte de leurs intentions, en espionnant tous les coins de notre colonie.

Cet espionnage des Allemands, et nous pourrions dire des Juifs, ne nous effraie pas, car il ne peut qu'exciter contre eux ceux qui sont déjà bien disposés à nous servir.

Pour notre compte personnel, nous sommes heureux de voir se perpétuer cet attachement des Arabes pour la France et nous espérons que la récompense promise ne se fera plus longtemps attendre. Nous ne craignons pas de leur dire qu'en luttant pour nous, ils luttent aussi pour eux, car on leur accordera bientôt cette qualité de citoyens français qui les fera nos égaux.

Que les Arabes sachent bien que s'il est quelques Français qui, inconsciemment, ont été injustes à leur égard, il en est d'autres qui les connaissent et qui les aiment, et ceux-là sauront les faire aimer de ceux qui, jusqu'à ce jour, ont été induits en erreur!

Si on a gardé trop longtemps le silence sur la conduite de nos indigènes d'Algérie, il n'en sera plus ainsi désormais. Nous parlerons et notre voix aura d'autant plus de force que nous sommes prêt à donner la preuve de tous les faits avancés par nous.

Le peuple français serait depuis longtemps éclairé sur les Juifs, s'ils n'avaient eux-mêmes fermé la bouche à ceux d'entre nous qui étaient disposés à parler : pour les uns, c'eût été la ruine, pour les autres la perte d'une place qui les faisait vivre. Il ne doit plus en être ainsi;

si nous nous sommes laissé acculer, nous sommes encore assez forts pour nous relever et marcher en avant.

Il faut désormais que chacun de nous reprenne son libre arbitre! Que ceux qui appartiennent encore aux Juifs sacrifient volontiers leurs intérêts personnels à l'intérêt général! Qu'ils sachent bien que tous les Français doivent être solidaires les uns des autres (1)!

Nous ne devons plus attacher la moindre importance aux promesses fallacieuses des Juifs; tous leurs actes nous prouvent qu'ils sont nos plus cruels ennemis. S'ils avaient pu atteindre leur but, ils n'auraient pas hésité à

---

(1) Parmi les Français qui semblent soutenir les Juifs, la plupart, qui les connaissent d'autant mieux qu'ils ont vécu près d'eux, se rallieront à nous lorsque le mot d'ordre sera donné.

Dès que le comité anti-israélite sera constitué, la lutte sera de courte durée, parce que nos revendications, fort légitimes du reste, sont les mêmes pour tous les Français.

Que les Rothschild disent à leurs salariés qu'ils ne craignent pas d'être détrônés, nous n'hésitons pas à affirmer qu'ils ne tiennent pas le même raisonnement entre eux!

chasser ou à traiter en esclaves ceux qu'ils appelaient leurs amis et ceux qui leur auraient servi de marchepied. Leur rêve est heureusement irréalisable, parce qu'ils n'auront jamais l'énergie nécessaire pour se faire craindre et obéir, et ils reviendront fatalement à leur point de départ.

Les Juifs nous disaient de nous méfier des Arabes, ajoutant que nous serions toujours trahis par eux. Quelques Français même avaient la naïveté d'ajouter foi à ces mensonges. Pour répondre à cette lâche calomnie, nous nous bornerons à dire que c'est là un procédé juif dont nous avons expliqué le but.

Ce ne sont pas les Arabes qui ont été traîtres envers nous, mais nous qui l'avons été à leur égard. Ils comprennent, il est vrai, que nous n'avons été dans la circonstance que l'instrument des Juifs, mais nous n'en sommes pas moins coupables.

Ils auraient pu, s'ils n'eussent aimé la France, quitter le service militaire et rester dans leurs douars. Nous n'aurions pas eu le droit de les enrégimenter, car le service n'est obligatoire que pour les Français, en exceptant toutefois la majeure partie des Juifs. Ils auraient par là porté une grave atteinte à notre puissance militaire et nous n'aurions rien pu contre eux.

Il ne fallait pas songer à les chasser d'Algérie, nous n'en avions pas le droit. Quant à faire des lois spéciales contre eux, nous ne pouvions en faire de plus injustes que celles existant actuellement et de plus serviles que l'indigénat.

Les Arabes n'avaient donc rien à craindre en refusant de servir la France, puisque notre despotisme avait atteint les dernières limites. S'ils ont versé leur sang pour nous, ils ont toujours agi librement.

Les Juifs diront peut-être que les Arabes ne s'engagent que par amour du métier militaire. Nous leur répondrons qu'avant la conquête, le gouvernement turc n'avait pas d'armée disciplinée, parce que l'Arabe ne voulait pas être soldat, nous ajouterons qu'étant aujourd'hui essentiellement sédentaire, il lui est fort dur d'aller se battre sur la terre étrangère.

Nous sommes donc autorisé à conclure que c'est par pur attachement pour la France que l'Arabe consent à s'engager. Il espère qu'un jour nous reprendrons notre liberté et qu'alors nous récompenserons ses services.

Puisque toutes ces attaques contre les Arabes ne viennent absolument que des Juifs, nous croyons devoir dire quelques mots sur le rôle des uns et des autres dans le cas d'une guerre avec l'Allemagne.

Si cette guerre éclatait, elle aurait été préparée par les Juifs. Nous savons en effet que ces exploiteurs n'appartiennent en fait à aucune nation. Ce sont des insectes parasites qui sucent peu à peu leurs victimes, si, à la première piqûre, elles ne se débarrassent pas d'eux.

Les Juifs ont comploté la ruine de la France et si nous les laissons faire, ils la livreront un jour à l'Allemagne. C'est un marché conclu entre eux et Bismarck et ils savent déjà ce que leur rapportera leur trahison.

Bien que les Juifs de France aient tous leurs

hommes au pouvoir, ils ont cependant besoin de compter sur leurs coreligionnaires d'Algérie. C'est pour arriver à ce résultat que les Juifs allemands, envoyés dans notre colonie, ont été chargés de faciliter la tâche des espions de Bismarck, ou d'être eux-mêmes ces espions.

Tandis que la plupart des Français de la Métropole n'ont pas la moindre notion sur l'Algérie et ignorent ce que sont et ce qu'ont fait pour la France nos vaillants indigènes, les Juifs, au contraire, détenteurs du pouvoir, ont, sur eux, les renseignements les plus précis ; tous les faits d'une certaine importance leur sont signalés, et ils les communiquent aussitôt au premier ministre d'Allemagne par l'intermédiaire du juif Bleichrœder.

Les Juifs, effrayés déjà par notre puissance militaire, redoutent une alliance Franco-Russe; ils ont aussi à craindre la bravoure des Arabes, et cette bravoure est aiguisée par une soif de vengeance bien naturelle.

Ces fils d'Israël comprennent la difficulté qu'ils auront à livrer à l'Allemagne cette marchandise qu'ils appellent la France, s'ils ne peuvent nous aliéner la Russie. Ils travaillent aujourd'hui dans ce but sachant cependant que la Russie est notre alliée naturelle, que nos intérêts sont les mêmes, enfin qu'elle déteste les Juifs et qu'elle les chasse ; — mais ils ne désespèrent jamais, bercés par l'espoir de surmonter tous les obstacles grâce à leur hypocrisie.

D'autre part, pour empêcher les Arabes de marcher avec la France dans une guerre contre l'Allemagne, il faudrait nous mettre dans l'impossibilité de pouvoir les équiper. C'est encore le but des Juifs.

Qu'ils sachent donc, ces lâches despotes, que, s'ils ne pouvaient faire autrement, les Arabes partiraient avec leur burnous, qu'ils prendraient les armes provisoires encore disponibles, qu'ils s'empareraient ensuite sur les champs de bataille de celles de leurs frères d'armes tombés à leurs côtés !

Mais en cas de guerre, ils ne se trouveraient pas dans cette situation, parce qu'à côté des Juifs gouvernementaux, nous verrons, à l'heure du danger, plusieurs députés qui, bien qu'entraînés par le courant, auront assez de patriotisme pour demander à leurs collègues de voter les crédits indispensables à l'équipement de nos indigènes. Nous éclairerons du reste suffisamment le peuple pour qu'il exige désormais de ses représentants l'engagement formel de ne plus être les salariés des Juifs.

Quant à l'Algérie, c'est nous qui prendrons à tâche de la faire connaître et si les députés de cette colonie ne sont que les mandataires des Juifs, de notre côté nous livrerons à la publicité les justes récriminations de nos colons et des Arabes et nous ne désespérons pas de rencontrer sous peu à la Chambre non pas un, mais plusieurs Français qui, soucieux des intérêts de leur pays, signaleront le mal et indiqueront le remède nécessaire au développement de notre colonisation. Ils plaideront cette cause avec d'autant plus d'ardeur qu'ils comprendront que ce sol neuf et encore inculte peut donner des revenus considérables et faire la richesse de la France.

Pour nos nationaux ainsi que pour les Arabes, l'ennemi c'est le Juif, et par suite la cause des uns devient celle des autres. Ils sont aujourd'hui des victimes résignées parce qu'ils ne peuvent rien contre leurs bourreaux. Nous les aiderons à préparer leur vengeance, car d'elle seule dépend notre liberté.

Les Juifs ont vu avec peine se former l'alliance *anti-israélite universelle*. Ils ne peuvent agir que dans l'ombre, et cette alliance est faite dans le but de les démasquer. Ils comprennent que leur chute approche s'ils tardent à sacrifier la France (1).

Les bruits de guerre n'ont pas été seulement un coup de Bourse, ils étaient aussi le commencement de la mise à exécution du pacte conclu avec l'Allemagne.

Nous ne sommes plus dupes de ces mensonges inventés à plaisir par les Juifs, et nous leur

(1) Nos lecteurs n'ont pas oublié les bruits de guerre qui, pendant plus de deux mois, ont préoccupé l'opinion. Ils se rappellent aussi le terrible krack à la Bourse. Dans une semaine, le portefeuille de la Banque de France a diminué de 34 millions. Nos rentes furent celles qui étaient le plus en baisse en Europe.

Tous ces bruits alarmants étaient la conséquence du pacte conclu entre les Juifs et Bismarck.

dirons en face que dans une guerre contre l'Allemagne, nous verrons une guerre préparée par les Juifs, mais que nous la ferons contre eux.

Et c'est de cette guerre qu'on veut éloigner les Arabes! On les empêcherait, eux, si braves, de marcher contre ces ennemis coalisés! Pour se bercer dans un tel espoir, il faudrait supposer que l'Arabe a perdu toute dignité de lui-même et qu'il vit dans la plus complète ignorance de ce qui se passe autour de lui.

L'Arabe connaît son ennemi et il le guette. Il sait mieux que nous discerner les intentions du Juif et sans nous il n'eût jamais été dupe de son hypocrisie.

Le jour où les Juifs tenteront de livrer la France à l'Allemagne, les Arabes se lèveront en masse et combattront dans nos rangs. La conséquence de cette guerre sera l'anéantissement des Juifs par les Arabes.

CHAPITRE XVII

LE COMMERCE POUR LES JUIFS

Les Juifs ne sont ni industriels, ni commerçants, ni agriculteurs, ni ouvriers, ils sont agioteurs et usuriers.

Que leurs salariés et serviteurs, que quelques naïfs même prétendent que les Juifs se sont enrichis parce qu'ils sont plus intelligents que nous, ils ne trouveront jamais le moindre crédit auprès des personnes sensées !

Aux journaux qui essaieront de persuader à leurs lecteurs que les Juifs sont d'adroits commerçants qui ont réussi à diminuer le prix des marchandises, nous répondrons que loin d'être des commerçants, ce sont eux qui ont tué le commerce en France.

Les Crémieux et Ce qui vendent des complets à 35 fr. trouvent le moyen de gagner 15 francs par costume. Le bon marché de quelques articles allemands vendus dans les bazars juifs de Paris frappent quelquefois les acheteurs qui constatent bien vite que ces objets sont de beaucoup inférieurs à ceux fabriqués en France. Ces marchands font en effet tous leurs achats en Allemagne et jettent dans la plus profonde misère la majeure partie de nos ouvriers.

Les Juifs veulent gagner 100 pour 100, et lorsqu'ils ne peuvent y arriver, ils font *impunément* faillites sur faillites et parviennent ainsi à constituer des fortunes considérables. Si ce procédé passe auprès de certaines personnes pour de l'adresse ou de l'intelligence, nous n'hésitons pas, pour notre part, à le qualifier de vol.

Nous allons signaler à nouveau certains procédés employés par les Juifs, et nous verrons s'ils font un commerce honnête comme on le pratiquait autrefois avant leur invasion.

Est-ce que sous l'Empire, les Rothschild jouaient avec probité à la Bourse, lorsque, grâce à la complicité du gouvernement, ils prenaient connaissance des dépêches les plus secrètes, dont la conséquence était d'amener une hausse ou une baisse dont ils profitaient toujours ?

Agissaient-ils plus honnêtement, lorsqu'au moment de la première conversion, ils furent avertis par l'ordre du ministre des finances (1) et purent par suite faire leur razzia avant que le public ait eu connaissance de cette importante nouvelle ?

Comment qualifier la conduite des Rothschild lorsqu'ils dépouillèrent les mineurs belges du territoire houiller appelé Borinage qu'ils exploitaient pour leur compte personnel (2) ?

---

(1) Moreau, syndic des agents de change, fut dépêché par le ministre des finances, Léon Say, chez Rothschild pour lui annoncer la nouvelle.

(2) Voir à cet égard l'intéressante note de M. Drumont, dans la *France Juive devant l'opinion*, page 147 et 148.

Que dirons-nous du Juif Erlanger qui, en fondant quarante sociétés dont aucune n'a réussi, a trouvé le moyen, dans moins de vingt ans, d'enlever à l'épargne la bagatelle de 529 millions ?

C'est à nos lecteurs que nous laissons le soin de répondre à ces diverses questions. Dans la *France juive*, M. Ed. Drumont nous a trop bien initiés aux mystérieux procédés des Rothschild, des Erlanger, des Ephrussi, des Cornélius Herz, etc., pour que nous jugions utile d'y revenir. Ce serait du reste nous écarter de notre titre.

En relisant cet important ouvrage d'une véracité telle qu'aucun des faits avancés ne saurait être mis en doute, on peut se convaincre que nous sommes en droit de demander le départ de cette race maudite et la restitution de nos biens.

Les petits usuriers ne peuvent pas aussi facilement cacher leur jeu que ces riches boursiers. Ce n'est que réduit à la dernière extrémité qu'on se décide à s'adresser à eux, car on sait d'avance qu'on sera exploité.

Est-ce que le Juif, qui livre à crédit et pour le double de sa valeur, à un client offrant toutes garanties de solvabilité, une marchandise revendue à vil prix à un complice, exerce un commerce intelligent?

Ne sommes-nous pas autorisé à attaquer la probité de celui qui prête sur gage pour quinze jours ou un mois au taux exorbitant de 150 ou 200 pour 100?

Que dirons-nous du Juif brocanteur qui achète pour 1 fr. un objet valant de 15 à 20 fr., alors qu'il sait que son malheureux vendeur a besoin de cette minime somme pour acheter du pain?

Il est fort naturel que chacun vive de son travail et le commerçant, qui est un travailleur, doit conséquemment retirer un certain bénéfice des choses vendues. Mais il y a loin de ce bénéfice au vol commis journellement par le Juif!

On nous dira que le Juif ne va pas chercher le client et on nous demandera pourquoi celui-ci s'adresse à lui? Si le Juif ne va pas chercher le client, il l'attire à lui par des prospectus et des annonces, et surtout à l'aide de courtiers plus ou moins véreux qui pénètrent partout et savent toujours dénicher les *bonnes affaires*, suivant leur expression. En outre, le malheureux est forcément obligé de s'adresser à l'usurier, parce que, malgré sa probité et son petit avoir, il ne trouve plus le crédit qu'il avait autrefois.

Toutes les banques sont aujourd'hui entre les mains des Juifs, et ceux-ci ne font plus l'escompte que sous certaines conditions. Les négociants français les mieux posés ne trouvent à négocier leurs valeurs qu'autant qu'ils ont de l'argent déposé en banque. C'est une perte pour eux, car cet argent ne leur rapporte presque rien et leur fait souvent défaut; de plus ils ont à craindre la fuite du banquier... et de la caisse.

Depuis que les Juifs sont détenteurs de nos capitaux, industriels, propriétaires et commerçants n'ont plus le moindre crédit. Ils se trouvent par suite obligés de contracter un prêt usuraire avec garanties. C'est la ruine du commerce, car il faudrait réaliser des *bénéfi-*

ces *juifs* pour payer un taux aussi élevé.

On semble se préoccuper beaucoup aujourd'hui de l'innovation d'une loi sur les faillites ; or, avant de rien faire, il serait bon d'établir une distinction entre les Français et les Juifs. Tandis que ceux-ci se font déclarer en faillite pour s'enrichir au détriment de leurs créanciers, les premiers, au contraire, sont toujours ruinés par les Juifs et ne peuvent par suite faire face à leurs échéances. Les Juifs commettent des vols qualifiés et sont toujours des banqueroutiers frauduleux ; les Français ne sont en général que de malheureuses victimes, qui se trouvent dans l'impossibilité de payer parce qu'ils ont été dépouillés par les Juifs. Il serait donc juste de châtier sévèrement les premiers et de supprimer pour les seconds les conséquences de la faillite.

Les propriétaires possédant pour 150 ou 200,000 fr. d'immeubles, ne trouveront pas à Paris un seul banquier disposé à leur négocier une valeur de 500 fr. Pour se procurer la somme nécessaire, ils sont contraints de consentir une hypothèque sur tout ce qu'ils possèdent. Outre le taux usuraire prélevé d'avance par le capitaliste juif, l'emprunteur est poussé à des frais quelquefois supérieurs à la somme empruntée. Dans certaines circonstances, son prêteur se contente d'un simple billet, mais alors il prélève un escompte de 50 ou 60 pour 100.

Nous avons pris le cas d'un propriétaire riche, ayant besoin d'une faible somme en attendant, soit le paiement de ses revenus, soit la vente de ses récoltes ; c'est donc un prêt de quelques mois. Par suite des conditions qu'il a été obligé d'accepter, il arrive fréquemment qu'à l'échéance, étant en mesure de rendre la somme prêtée, il n'a pas les fonds nécessaires pour payer le double de cette somme. L'emprunteur doit alors, soit donner l'argent disponible et renouveler pour le reste qu'il n'a pas touché, soit pour renouveler le tout. Le prêteur, qui a des renseignements précis sur la solvabilité de son débiteur, ne consentira au renouvellement qu'à des conditions fort onéreuses, mais toujours acceptées par l'emprunteur pour éviter des poursuites judiciaires.

Le propriétaire en question est tombé dans un engrenage dont il ne sortira que difficilement. S'il n'a pas la précaution, dès le principe, de vendre quelques terres pour payer ce qu'en fait il ne doit pas, il verra sa dette augmenter d'une manière effrayante, et au bout de quelques années, il se trouvera complètement ruiné, alors que souvent, il aura remboursé une somme supérieure à celle primitivement avancée.

Quant à l'agriculteur qui tombe entre les mains des Juifs, c'est la ruine à bref délai, car on lui fait des conditions encore plus onéreuses que pour le précédent, et la saisie immobilière suit de près ce premier emprunt.

Tel est le genre de commerce pratiqué par les Juifs. Ce sont des marchands d'argent, qui ne livrent la monnaie de billon qu'avec la certitude d'en retirer des pièces d'or. Leur complicité fait leur force, et les uns doivent favoriser la fraude des autres.

Si les banquiers juifs n'avaient pas tué ou acheté les banques françaises, s'ils n'avaient pas enlevé le crédit aux commerçants et aux propriétaires, ceux-ci ne seraient pas obligés de s'adresser à ces voleurs autorisés dans les conditions que nous venons d'indiquer.

Dans toutes les parties que nous jouons avec les Juifs, nous avons perdu d'avance, car ils ont les rois cachés dans la manche, et à chaque donne, ils retirent ceux qui doivent leur assurer le point et quelquefois la vole.

Nous espérons que lorsqu'on sera convaincu de leur tricherie, et la preuve en sera facile, on les chassera de cette immense salle de jeu qu'on appelle la France, ou même l'Europe entière, et qu'avant leur expulsion on les obligera à restituer l'argent volé.

Les Juifs sont-ils plus intelligents, lorsqu'ils dépouillent impunément nos indigènes d'Algérie? Grâce à la complicité, sinon inconsciente, du moins forcée de nos magistrats, ne commettent-ils pas tous les jours, au préjudice des malheureux Arabes, des vols assurés de l'impunité? Si nous avons conservé leurs terres à ceux qui les possédaient régulièrement avant la conquête, est-ce donc pour que les Juifs s'en emparent? C'est cependant à nous qu'il incombe de sauvegarder leur propriété. Si nous avons le droit de sévir contre les Arabes lorsqu'ils enfreignent nos lois, nous avons aussi le devoir de les protéger contre leurs spoliateurs.

Dans tous les coups de Bourse du banquier Juif, ainsi que dans tous les marchés conclus par les autres Juifs, nous découvrons un vol détourné, contre lequel nous appellerions l'attention de la justice, si nous avions encore des magistrats intègres et indépendants.

A ceux de nos lecteurs qui persévèrent à soutenir que la fortune des Juifs est due à leur intelligence, nous leur demandons ce qu'ils pensent des vils scélérats qui assassinent un vieillard pour s'emparer de son argent? Nous leur dirons alors que ceux-ci sont également intelligents si, grâce au nombre de leurs victimes, ils arrivent à s'enrichir. Nous établirons cette seule différence, c'est que les premiers dépouillent avant d'assassiner en poussant au suicide, tandis que les seconds assassinent avant de voler.

M. Ed. Drumont a fait connaître les procédés employés par les Juifs en indiquant les noms et en précisant les faits, et à toutes les dures vérités contenues dans la *France Juive*, on n'a pas donné le moindre démenti. On a répondu par quelques insultes qui sont bien peu de choses en présence de faits aussi précis (1).

Lorsqu'a paru la *Question Juive* de M. Jacques de Biez, les Juifs ont compris qu'ils per-

---

(1) Après l'immense succès de la *France Juive*, les Juifs ont été effrayés par la publication de la *France Juive devant l'opinion*. Ils ont alors décidé d'obliger un des leurs à exercer des poursuites correctionnelles contre M. Ed. Drumont, l'auteur de ces deux importants ouvrages.

Malgré les cruelles révélations faites par M. Drumont sur les Rothschild, Cornélius Herz, Ephrussi, Erlanger, etc., c'est Marcel Deprez qui a été désigné pour poursuivre l'auteur de la *France Juive devant l'opinion*, qui l'a accusé de s'approprier les découvertes des autres.

M. Edouard Drumont, condamné *par défaut*, par jugement de la neuvième chambre à 1,000 francs d'amende et à 5,000 francs de dommages-intérêts envers M. Marcel Deprez, vient de faire opposition.

M. Drumont n'attendait que la signification de ce jugement pour signifier de son côté à M. Marcel Deprez et au ministère public l'articulation des preuves qu'il désire produire à propos des assertions qui lui sont reprochées.

daient du terrain. Ils se sont cependant renfermés dans le mutisme le plus absolu, dans la crainte d'éveiller l'attention publique par des réponses évasives.

Leur silence n'empêchera pas leur perte, car il est aujourd'hui de vigilants gardiens qui surveillent tous leurs actes et qui signaleront leurs fraudes qu'on a eu le tort jusqu'à ce jour d'appeler du commerce.

D'après l'article 35 de la loi du 29 juillet 1881, sur la presse, la preuve est admise quand il s'agit de fondateurs, de directeurs ou d'administrateurs de sociétés industrielles, financières ou commerciales, mais le délai pour articuler les preuves que l'on veut fournir n'est que de cinq jours. Ce délai étant manifestement insuffisant pour écrire tout un volume de témoignages scientifiques, M. Drumont a dû faire défaut, pour faire ensuite opposition au jugement.

On s'expliquerait peu dans le public que les financiers juifs cherchent à exercer une pression sur la justice, pour empêcher M. Drumont de faire la preuve qu'il affirme pouvoir faire. Israël n'a qu'à gagner à ce que le débat soit complet et à ce que le compte rendu en soit permis. Si M. Drumont n'est pas appuyé par des autorités suffisantes, ce sera un grand triomphe moral pour les Juifs, qui auront le droit de soutenir que l'auteur de la *France Juive* a manqué au devoir de l'écrivain, qui est de s'entourer des documents les plus certains avant d'avancer un fait.

CHAPITRE XVIII

SANS LES JUIFS

Depuis l'arrivée des Juifs, nous constatons de toutes parts l'appauvrissement de la France; au lieu de l'aisance d'autrefois, nous ne rencontrons partout que la misère.

C'est dans l'intérêt général que des hommes vraiment patriotes sont venus ranimer notre courage, en nous montrant que ce malaise dont nous ressentions tous les effets provenait de l'exploitation des Juifs.

Le seul remède est de les chasser; car, quoi que nous fassions, tant qu'ils demeureront au milieu de nous, nous serons toujours leurs dupes. Nous nous trouvons dans le cas du propriétaire d'un étang dont la loutre détruit tout le poisson ; avant de le repeupler, il doit commencer par tuer la loutre.

Si nous eussions été les maîtres chez nous, et si nous ne nous étions laissé enlever et nos économies et le fruit de notre travail, nous serions depuis longtemps relevés de nos désastres de 1870-1871, et la dette publique, au lieu d'aller en augmentant, aurait diminué dans de notables proportions. Malheureusement l'impitoyable parasite que nous avions toléré chez nous, engloutit au fur et à mesure toute cette fortune qui aurait relevé la France et donné le bien-être à un grand nombre de Français.

La destruction de nos vignobles a certainement porté une grave atteinte à l'agriculture, mais le coup n'était pas mortel, et avec le concours d'un gouvernement soucieux des intérêts de son pays, nous pouvions facilement parer à cette éventualité.

L'agriculture est cependant d'une réelle importance, car c'est elle qui tend à accroître les richesses d'une nation. Lorsqu'elle commence à péricliter, le commerce et l'industrie s'en ressentent aussitôt et le malaise ne tarde pas à devenir général.

Les produits des villes se vendant en partie dans les campagnes, ne peuvent avoir un écoulement facile qu'autant que les cultivateurs sont, grâce à leurs revenus, en mesure d'acheter. Tandis que le propriétaire ou colon qui a réalisé des bénéfices, tant sur l'élevage des bestiaux que sur la vente des récoltes, achète, outre l'indispensable, ce qui peut augmenter, son bien-être; celui, au contraire, qui ne retire rien de son dur labeur, est obligé de se priver du strict nécessaire. On ne fait des réparations que lorsqu'on a un peu d'argent disponible, et où prendre cet argent aujourd'hui que les habitants des campagnes en sont réduits à la misère?

Il fallait donc chercher un remède à cette crise agricole que nous subissons depuis plusieurs années, pour améliorer la situation de chacun, tant des cultivateurs que des ouvriers des villes. Le fabricant français ne fera travailler en effet que s'il a la vente de ses produits, et, pour assurer cette vente, il faut mettre en mesure d'acheter ceux qui doivent être ses principaux acquéreurs.

Quand nous serons gouvernés par les Juifs, nous n'avons à espérer aucune amélioration dans l'état de choses actuel. Leur but étant de ruiner la France, ils nous empêcheront toujours de protéger l'agriculture. Ils n'ont du reste rien à craindre de cette population paisible des campagnes, et par suite ils ne daignent pas s'occuper d'elle. Ils feignent au contraire de s'intéresser au sort des ouvriers des villes parce qu'ils ont besoin d'eux et qu'ils ne voudraient pas se les aliéner, mais ils savent qu'ils n'arriveront à aucun résultat, par cela seul qu'ils ne peuvent leur procurer du travail pour la fabrication d'objets dont on n'a pas la vente. Il est très beau de demander la diminution des heures de travail et l'augmentation des salaires pour les employés des grandes compagnies houillères et autres, mais il faut aussi songer à ces milliers d'ouvriers qui sont aujourd'hui inoccupés pour les motifs que nous venons d'indiquer. Pour leur donner du travail et favoriser la fabrication, il faut d'abord songer à la consommation.

La vigne a été pendant longtemps la richesse de nos campagnes, et sa disparition a été une perte sensible pour la France. On a attribué la maladie de nos vignobles au phylloxera, et depuis dix ans on s'est borné à rechercher les moyens de tuer cet insecte destructeur en promettant même une prime de 100,000 francs. On n'a pas voulu comprendre que nos terres épuisées avaient besoin de repos et d'engrais; on a oublié aussi que nous avions en Algérie des terres neuves qui pouvaient compenser cette perte momentanée.

Nos cultivateurs de France devaient renoncer à la vigne et s'occuper spécialement d'élever et d'engraisser les bestiaux. Pour cela, il fallait créer des prairies artificielles; la terre aurait puisé un repos régénérateur et cette culture aurait donné des résultats satisfaisants.

En Algérie, au contraire, on aurait créé des vignobles qui auraient provisoirement remplacé ceux de France. Nos récoltes de vins seraient bien vite devenues aussi abondantes que par le passé, et nous n'aurions eu qu'à regretter pendant un certain temps nos excellents crus de Bordeaux, de Bourgogne et de Champagne (1). Les ouvriers des campagnes qui, par suite du manque de travail, sont venus se réfugier dans les villes et augmenter le nombre des malheureux, seraient allés en Algérie, où ils auraient trouvé l'aisance.

Pour arriver à ce résultat, il fallait l'appui du gouvernement, et depuis qu'il est entre les mains des Juifs, nous avons constaté avec peine qu'il avait tout fait pour ruiner l'agriculture.

En France d'abord, on a augmenté dans de notables proportions les charges de l'agriculteur, et on l'a mis par suite dans l'impossibilité de donner à la terre l'engrais indispensable. Le propriétaire lui-même qui n'avait pas devant lui d'assez forts capitaux était obligé de vendre à vil prix pour éviter une ruine certaine. N'ayant pas d'argent, il ne pouvait

(1) Nous avons constaté cependant qu'il existe déjà en Algérie certains crus qui prennent de jour en jour une importance méritée.

emprunter que dans des conditions toujours fort onéreuses pour faire cultiver ses terres, sans savoir si ses revenus suffiraient à payer la main-d'œuvre. Quant aux agriculteurs, ils avaient été obligés de vendre leur cheptel et se trouvaient par suite dans l'impossibilité de cultiver fructueusement leurs parcelles de terres.

Il en est résulté forcément la vente à vil prix d'une partie de nos terres à des capitalistes juifs qui en ont fait des propriétés d'agrément. Aujourd'hui la plupart de ces terres de rapport ne sont plus que des rendez-vous de chasse, et celles qui sont encore cultivées ne donnent que des revenus insignifiants, par suite de l'impossibilité où se trouve le cultivateur de leur donner les engrais suffisants. On est alors obligé d'acheter à nos voisins les récoltes que nous avions autrefois chez nous et, outre la ruine des campagnes, c'est l'appauvrissement de la France.

Quant à l'Algérie, nous avons déjà expliqué dans quelles conditions s'y trouvaient nos colons. A part les quelques capitalistes qui ont pu, sans la bourse des Juifs, faire des plantations de vigne, nous constatons partout le même paupérisme qu'en France.

Au lieu d'attirer là-bas tous ces malheureux obligés de quitter leurs villages où ils ne pouvaient plus vivre, on les a mis dans l'obligation d'aller augmenter la misère des villes. Ils n'étaient cependant pas habitués à cette vie bruyante, et malgré leur bonne volonté, ils n'avaient pas les aptitudes pour ces travaux qui exigent un certain apprentissage. Ils auraient, au contraire, été heureux de reprendre dans notre colonie leurs anciennes habitudes et de contribuer par leur travail au développement de la colonisation.

Dans les grandes villes, la plupart de ces malheureux, venus avec les meilleures intentions, ont été poussés au vol par la faim. Combien de gens viennent s'asseoir journellement sur les bancs de la police correctionnelle ou de la Cour d'assises, qui certes sont en droit d'accuser la société de la situation qui leur est faite ! Est-il réellement coupable cet homme qui, malgré son désir de travailler, se trouvant sans le sou, prend dans la caisse du riche l'argent nécessaire pour vivre ? Il n'avait que le suicide en perspective, et nous ne pouvons par suite l'accuser que de lâcheté.

Les Juifs sont arrivés aujourd'hui à un tel degré de puissance que nos députés des campagnes, qui sont témoins de ces misères, n'osent pas élever la voix. C'est à eux cependant qu'incombe cette tâche.

Nous nous trouvons donc en présence d'une Chambre bien compromise pour qu'aucun de nos représentants ne prenne la parole sur un sujet aussi important ! Est-il réellement admissible que, dans une nation aussi civilisée, les Juifs, après avoir ruiné l'agriculture, poussent au vol et au suicide tous les gens qui ne demandent qu'à travailler, sans qu'aucun Français prenne publiquement leur défense ?

C'est là une servilité que nous ne comprenons pas et contre laquelle nous avons le droit de nous révolter.

Nous avons en France tous les éléments nécessaires pour lutter contre la misère et nous ne nous en servons pas parce que les Juifs s'y opposent. Nous laissons incultes nos terres d'Algérie, au lieu de donner du travail à tant de cultivateurs qui meurent de faim ! Ce n'est pas dans un but économique que nos gouvernants agissent de la sorte, car ils ne sont pas assez simples d'esprit pour ne pas voir qu'il y a dans notre colonie des ressources pour longtemps inépuisables. Quand on sacrifie continuellement des centaines de millions à des projets insensés ou à des campagnes désastreuses, on ne peut honnêtement hésiter à employer quelques millions à des travaux qui donneront l'aisance à des milliers de travailleurs, tout en nous permettant de retirer de notre sol ce que nous achetons à l'étranger.

S'il n'est pas dans la Chambre actuelle un homme assez indépendant pour briser le joug des Juifs, nous travaillerons à éclairer ceux qui souffrent et nous ferons en sorte que les prochaines élections aient lieu entre Français et Juifs ou salariés par les Juifs. Nous montrerons aux Rothschild et consorts que leur fortune ne peut rien avec des hommes libres, énergiques et préoccupés des intérêts de la France.

Nous n'étions jamais tombés dans un tel état d'asservissement. Si les divers gouvernements qui se sont succédé depuis 1830 ont bien voulu, moyennant rémunération, fournir aux Rothschild les moyens de nous dépouiller en leur permettant de venir dans les ministères prendre connaissance des dépêches avant qu'elles ne soient publiées, aucun du moins n'a été assez faible pour se laisser maîtriser par ces vils agioteurs. Ils ont réalisé des fortunes considérables et c'est avec l'argent volé qu'ils ont attiré à eux ces hommes qui ont proclamé la République de 1870.

Le gouvernement actuel est certainement plus tyrannique qu'aucune monarchie. Nos pères qui ont fait la révolution de 1789 demandaient le gouvernement de tous les Français par tous les Français, mais ils ne voulaient pas jeter la France entre les mains de ces descendants d'Israël, qui, sous le titre de républicains, accapareraient toutes les libertés et nous dépouilleraient impunément (1).

L'ouvrier des villes, que les Juifs semblent protéger, comprendra aussi qu'il est dupe de ces exploiteurs. Ils ne se sont pas bornés à empêcher l'écoulement des objets fabriqués en France par la ruine de l'agriculture ; ils livrent encore au commerce français les articles allemands. S'ils s'intéressaient au sort de nos ouvriers, ils ne les mettraient pas ainsi dans l'impossibilité de travailler.

Les Juifs ne font jamais que des promesses fallacieuses dont le seul but est de faire patienter ceux dont ils ont encore besoin. Les ouvriers des villes ne les intéressent pas plus que les ouvriers des campagnes, mais ils ont

(1) Nous traiterons prochainement des *élections antijuives*. Nous nous adresserons indistinctement à tous les électeurs français et nous leur montrerons la nécessité de demander à leurs candidats l'engagement formel de combattre le *despotisme* des Juifs.

Les ouvriers des villes et ceux des campagnes qui sont tous Français (un Juif n'est jamais ouvrier) et qui représentent la majeure partie des électeurs, viendront tous à nous, parce qu'ils verront qu'il s'agit du relèvement de la France.

besoin des premiers et feignent de défendre leurs intérêts.

Nous ne serons plus complices de leurs manœuvres et nous redeviendrons les maîtres chez nous. Nos terres seront de nouveau livrées à la culture et les Juifs n'en feront plus leurs propriétés d'agrément.

Les Français leur diront bientôt qu'ils ne sont plus chez eux, qu'ils les ont trop supportés et qu'il est temps de déguerpir. Il leur faudra alors regagner la Palestine et renoncer à la *réalisation* de leurs *rêves irréalisables*.

On comprendra alors que le véritable phylloxera, c'est le Juif ; on verra que cet insecte ne s'était pas seulement attaqué à la vigne, mais à tout ce qui pouvait contribuer à la prospérité de notre pays.

La France redeviendra riche encore et reprendra bien vite dans le monde la place que le Juif lui a fait perdre.

CHAPITRE XIX

EN TUNISIE

Avant de terminer cet ouvrage sur l'Algérie, nous avons cru devoir dire quelques mots sur les Juifs en Tunisie. Nous nous réservons toutefois de faire plus tard de cette question un traité spécial où nous nous occuperons des Juifs répandus dans le nord de l'Afrique, régences de Tunis et de Tripoli, empire du Maroc, Égypte, etc.

Dans cette lutte que nous engageons contre les Juifs, ennemis naturels de tous les peuples, nous ne raconterons que les faits précis dont nous aurons nous-même constaté l'authenticité.

Pour mieux démasquer ces descendants du père Abraham, nous les suivrons nécessairement dans chaque pays, nous séjournerons au milieu d'eux pour les étudier ; enfin nous sacrifierons des années, s'il le faut, mais lorsque nous reviendrons muni de nos notes, nous publierons les manœuvres de chacun de ces individus. Nous arriverons ainsi, grâce à notre véracité, à faire comprendre que le Juif est la plaie de la société.

Nous n'avons pas encore fait sur les Juifs de Tunisie l'étude approfondie dont nous parlons, nous nous sommes seulement borné à parcourir ce pays. Nous devons donc aujourd'hui, dans l'intérêt même de la cause que nous défendons, nous contenter de faire connaître notre appréciation, basée du reste sur quelques faits.

En Tunisie, comme en Algérie, les Juifs étaient placés sous la domination des Turcs et des Arabes. Bien que vivant à l'état sauvage, ils observaient fidèlement les lois du Talmud, et se conformaient aux ordres du *Kahal*. Pauvres et illettrés, ils rêvaient déjà à leur future puissance. Ils comprenaient toutefois qu'ils n'arriveraient à assouvir leur soif d'argent qu'après s'être débarrassés d'un maître aussi despote.

Nous avons vu dans le courant de cet ouvrage les procédés employés par les Juifs pour gouverner l'Algérie, grâce à la naïveté et à la confiance de nos représentants; — leurs coreligionnaires de Tunisie espéraient agir de la même manière pour se venger des Turcs. Malheureusement, pendant que l'Algérie était française, la Tunisie était seulement placée sous le protectorat de la France, et malgré la complicité d'un gouvernement juif, ils ne pouvaient obtenir les mêmes faveurs.

Ne pouvant donner la qualité de citoyen français aux Juifs de Tunisie, nous les avons assimilés aux Européens.

Avant l'arrivée des Européens dans le nord de l'Afrique, les descendants d'Israël n'ont pu devenir nuisibles, parce qu'ils se trouvaient en présence d'un maître qui, n'étant pas dupe de leur hypocrisie, employait à leur égard les seuls moyens propres à les empêcher de sortir de leur carapace. Il n'en est plus ainsi aujourd'hui, où, grâce à notre complicité, ils n'ont plus à craindre la légitime brutalité de ces fiers indigènes que nous les aidons à exploiter.

Les Juifs de Tunisie exercent le commerce dans les mêmes conditions que leurs coreligionnaires d'Algérie, et quelques-uns ont déjà usurpé une certaine fortune ; — ils ne peuvent cependant agir avec la même sécurité, et il leur arrive parfois de payer de leur vie leurs tentatives infructueuses auprès des Arabes.

En assimilant les Juifs de Tunisie aux Européens, on leur a permis de retirer tous les avantages de la civilisation; mais il était juste, par contre, qu'ils en subissent les charges. Or, tel n'est pas l'avis de ces vils usuriers qui voudraient avoir tous les droits sans être tenus à la moindre obligation.

En Tunisie, Juifs et Arabes avaient l'habitude de porter les morts sur leurs épaules. Or, dans le courant de janvier, a paru à *l'Officiel* tunisien un arrêté municipal qui introduit le corbillard et y assujettit les chrétiens et les juifs, en laissant les Arabes en dehors.

Bien que cet arrêté créât un service des pompes funèbres, il stipulait pour les Juifs le droit de choisir les porteurs à leur gré; mais il ne pouvait les soustraire à l'obligation imposée à tous les autres habitants non musulmans d'acquitter le tarif fixé par le cahier des charges. Cette clause n'a pas plu aux descendants d'Israël, qui, assurés de la protection du gouvernement français, ont refusé de se conformer au nouveau règlement.

La plupart des journaux portant la date du 23 mars publiaient cette même dépêche (Havas) :

Tunis, 21 mars.

« Quelques désordres se sont produits hier à
« l'inauguration du nouveau règlement des fu-
« nérailles ; ils se sont prolongés aujourd'hui.

« Ce matin, les israélites, refoulés des abords
« du cimetière, allèrent manifester devant
« l'Hôtel-de-Ville en criant : « *Vive l'Italie,*
« *à bas la municipalité !* »

« Après avoir brisé les vitres de l'Hôtel-de-
« Ville, les manifestants se rendirent devant la
« maison de M. Dubos, poussant les mêmes cris.

« M. Santini, commissaire central, aidé de
« quelques agents, se porta à la rencontre des
« manifestants ; mais, tandis qu'il maintenait

« le principal meneur, un israélite tira sur lui
« un coup de revolver qui blessa grièvement
« son coreligionnaire arrêté.

« Quelques Français, témoins de ces faits,
« dégagèrent M. Santini qui en sera quitte
« pour quelques contusions.

« Dix arrestations ont été opérées.

« A deux heures, les autorités ont fait procé-
« der à l'inhumation d'une femme israélite ; il
« ne s'est produit aucun incident.

« Les mesures sont prises pour prévenir le
« retour de nouveaux désordres.

« Tous les magasins des israélites sont fer-
« més. »

Après cette première note sur des événements aussi graves, le mot d'ordre a été donné par les Juifs de France, et la presse a gardé un prudent silence. Toutefois M. Massicault, résident général à Tunis, qui se trouvait à Paris à cette époque, a reçu la visite du grand rabbin de France, M. Zaddoc-Khan.

Bien que certains journaux aient prétendu que, dans cet entretien, le grand rabbin et le consistoire juif aient promis d'user de toute leur influence auprès de leurs coreligionnaires tunisiens, nous doutons fort que telle ait été la pensée de M. Zaddoc-Khan.

N'ayant pu nous transporter sur les lieux pour connaître la cause et la gravité des désordres occasionnés par les Juifs, nous nous bornons à répéter les faits relatés par la presse parisienne, en faisant remarquer que les Juifs ne subissent une charge quelconque qu'autant qu'ils y sont forcés.

Une réponse faite par un des membres influents du consistoire central à un rédacteur d'un grand journal de Paris, nous a particulièrement frappé. « Les Juifs, aurait-il dit, sont au nombre d'au moins 30,000 à Tunis, et le quartier dans lequel ils sont groupés est composé de ruelles étroites où aucun corbillard ne pourra jamais pénétrer. Il résulte de ce fait, que les Juifs seront portés comme précédemment. »

Nous connaissons suffisamment le quartier juif à Tunis, pour affirmer qu'il est des rues assez larges pour le passage de véhicules et par suite il serait assez facile de transporter les morts jusqu'à l'endroit assez rapproché où serait arrêté le corbillard. Est-ce donc par ce mensonge que les Juifs espèrent se libérer du tarif qui leur est imposé ?

L'influence des Juifs est tellement grande en France que, dans un article du *Gil-Blas* relatif aux désordres de Tunisie, nous lisons :

« Le rôle des israélites de Paris est de *respecter* et de *servir* un gouvernement équitable et libéral qui les *arrache* à *l'état d'infériorité* où les *musulmans* les avaient relégués ; de même, le *devoir* du gouvernement est de protéger des citoyens *industrieux*, *intelligents*, et qui *détiennent* presque *tout le commerce du pays*. L'affranchissement des consciences est un fait accompli, et si les temps ne sont plus où l'État protège une religion, nous vivons dans une ère de liberté où il doit les respecter toutes — sous la réserve qu'elles ne constitueront pas un danger pour la paix publique et une menace pour la sécurité individuelle. »

Nous croyons inutile d'ajouter le moindre commentaire à un aussi naïf mensonge. Nous avons suffisamment expliqué dans cet ouvrage, comment le Juif gouvernait en France, pour ne pas revenir sur ce fait nettement établi ! Quant au second point, nous engageons nos lecteurs à lire la théorie du Juif dans la *Russie juive*, ouvrage dont la presse a peu parlé, parce que de ses organes les uns sont indifférents et les autres musclés par leurs bailleurs de fonds juifs.

M. Zaddoc-Khan, qui certainement a approuvé la conduite de ses coreligionnaires tunisiens, a cru tromper la bonne foi des Français, en adressant au *Gil-Blas* la communication suivante :

« Ainsi que l'ont annoncé les journaux, au
« cours de l'entrevue qui a eu lieu entre quel-
« ques délégués du Consistoire central des
« Israélites et M. Massicault, ministre résident
« général de France à Tunis, la nécessité a été
« reconnue de part et d'autre de donner au ju-
« daïsme tunisien une organisation régulière
« qui lui a manqué totalement jusqu'ici. En
« effet, il ne possède aucune direction d'en-
« semble, aucun corps constitué ayant qualité
« pour servir d'intermédiaire entre les au-

« torités civiles et la population. Lorsque des
« difficultés se produisent, comme cela est ar-
« rivé dans ces derniers temps à propos du règle-
« ment municipal sur le service des inhuma-
« tions, elles ne peuvent être aplanies assez ra-
« pidement faute d'une administration israélite
« compétente pour traiter officiellement les af-
« faires en litige et concilier le respect d'anciens
« et respectables usages avec les exigences
« de la loi civile. Un pareil état de choses offre
« de graves inconvénients, et il appartient
« au gouvernement de combler au plus tôt une
« aussi regrettable lacune.

« Les délégués du Consistoire central ont
« pu se convaincre par les déclarations qu'a
« bien voulu leur faire M. Massicault que, tout
« en se renfermant dans les limites de ses
« attributions, il s'est préoccupé et se préoc-
« cupera toujours de ménager les susceptibi-
« lités religieuses de la communauté israélite
« de Tunis, et de sauvegarder les intérêts
« des pauvres, si nombreux, dont elle a la
« charge. Il est permis d'espérer qu'en pré-
« sence des sentiments de justice et de bien-

« veillance manifestés à leur égard par l'ad-
« ministration supérieure, les israélites tuni-
« siens apporteront tout le calme nécessaire
« dans les réclamations qu'ils se croiront en
« droit de présenter, et que les scènes déplo-
« rables, qui ont provoqué une légitime émo-
« tion, ne se reproduiront plus. »

Bien que ne connaissant pas suffisamment les faits pour donner une juste appréciation, nous tenons à répéter ce que les Juifs ont fait insérer dans leurs journaux. Cela nous permettra d'y revenir, lorsque nous traiterons de la Tunisie ; grâce aux renseignements pris sur place, nous prouverons que les Juifs de France n'ont pas été étrangers aux désordres de Tunis.

Nous terminons par cette question qu'il nous sera facile de résoudre plus tard : « Les Juifs de France seront-ils assez puissants pour exempter leurs coreligionnaires tunisiens des charges imposées à tous les Européens ? »

CONCLUSION

Dans ce premier ouvrage, nous avons pris le Juif avant la conquête de l'Algérie et nous l'avons suivi pas à pas jusqu'à nos jours. Nous avons vu comment cet être primitif avait *abusé* de notre *protection* pour nous *exploiter*. Nous avons cherché à établir les rapports qui existaient entre lui et ses coreligionnaires de France, pour *la plupart Juifs allemands*, et nous avons montré qu'ils avaient besoin *les uns des autres* pour atteindre leur but.

Ainsi que nous l'avions dit dans notre préface, nous nous sommes placé à un point de vue général et avons complètement abandonné la question de personnes, nous bornant à suivre la *marche* du Juif et à prouver qu'il a toujours travaillé à la *ruine* de la France et qu'il est la cause de ce *malaise général* dont nous ressentons les effets.

Nous eussions certainement intéressé davantage nos lecteurs en leur racontant la vie de certains Juifs d'Algérie qui, pour *le vol*, n'en cèdent en rien à ceux de France; mais avant de nous occuper des individus, nous avons reconnu l'utilité d'une étude générale sur ces *descendants d'Israël*.

A côté de Kanoui, dont nous avons dit quelques mots, nous aurions été heureux de parler de plusieurs autres Juifs, tels que Witersheim, ancien directeur de la Banque d'Algérie à Oran, actuellement directeur du Crédit foncier et agricole d'Algérie à Alger, mais ce sera le but de notre second ouvrage, et nous n'oublierons pas les détails qui, tout en intéressant le lecteur, lui montreront la *bonne foi* de nos personnages.

Pour le département d'Alger, nous passerons en revue la vie des : Woltz, Alphandéry,

Bloch, Bénistki, Tabet, Abraham et Moïse (banquiers), Akiber, Eliaoul Morali, Seror, Heboth, Moha, Maklouf, Sadia, Akoune, Jais Salomon, Moïse Valensin, Zermati, Séban, Dana, Chedaka, Loeb, Aboucaya, Simon, Judas, Kuhlmann, Fassina, Neugasse, Scéba, Stora, Israël, Zernatti, Abenzimra, Athon Chaloum, Adda, Boueri, Addi, Kespy, Chudaka, Lehbar, Lemann, Bram, Oualid, Sasportes Haïm, Cohen, Vaïsse Stephanopoli, Boranès, Bakri.

Dans la province de Constantine, nous parlerons des : Uhry, Torchon, Krapt, Isaac, Nahon, Ramy, Elias Oualid, Albrecht, Aaron, Salfati Isaac, Veil, Weiss et Guermy.

Dans celle d'Oran, nous signalerons la conduite des : Bloch, Berr, Lévy dit Sichel, Henstchel (président du tribunal de commerce), Sebaoum, Lévy, Wantiez (directeur du comptoir d'escompte à Mascara), Perz, David, Cosman, Lévy (inspecteur des forêts à Tlemcen), Naëgelan (inspecteur adjoint).

Nous n'avons donné ces noms qu'à titre de curiosité, et nous avons sur chacun de nos personnages des détails assez précis que nous nous réservons du reste de compléter dans un prochain voyage en Algérie. Aujourd'hui, nous nous bornons à attirer l'attention de nos lecteurs sur la dénomination de ces Juifs qui, à part quelques exceptions, diffère de celle de leurs coreligionnaires de France.

Tous ces individus ont contribué pour une part plus ou moins grande à la *ruine* de nos colons et se sont *enrichis* à leur détriment, par les divers moyens que nous avons indiqués. Ils sont chefs de bande et c'est à eux que les autres Juifs doivent adresser leurs plaintes ou leurs réclamations. Ils reçoivent nos députés lors de leur passage dans les villes qu'ils habitent, et nos fonctionnaires doivent se *plier* à leurs ordres. En un mot ce sont les *Kanoui* de l'Algérie.

Dans cette étude sur l'Algérie, nous avons montré comment les Juifs de France étaient arrivés, alors que nous ne songions qu'à nos désastres, à la *naturalisation des Juifs indigènes*, et nous nous sommes surtout étendu sur les *terribles* conséquences de cette naturalisation.

Chez le Juif, pas le *moindre patriotisme*; il ne songe qu'à exploiter les peuples au milieu desquels il vit. Tous les moyens lui sont bons, et nous avons vu qu'il ne reculait même pas devant la *prostitution* de sa *femme* et de ses *filles*.

Pour lui, le seul commerce rémunérateur, c'est le *vol* par les moyens que nous avons indiqués dans le courant de cet ouvrage.

Nous avons vu ensuite comment, avec le produit du vol, il arrivait à *dominer* en achetant les hommes qui sont actuellement au pouvoir. Depuis le conseiller municipal jusqu'aux ministres et au président de la République lui-même, tout marche *sous sa loi*.

Nos députés, dont quelques-uns ont déjà été leurs victimes, n'osent pas élever la voix; ils tremblent devant la puissance ces despotes qu'ils savent les *ennemis* de la France.

Malgré la protection de leurs coreligionnaires de France, les Juifs d'Algérie redoutent les Arabes, et leur seul but est de nous les aliéner et de nous contraindre à les chasser du territoire algérien. S'ils atteignaient ce résultat, il leur serait plus facile de *livrer* la France à l'Allemagne et de toucher le prix de leur *trahison*.

Ils sont heureusement arrivés au sommet de l'échelle et en descendront plus vite qu'ils n'y sont montés. Ce que n'ont pas osé faire les hommes chargés des intérêts de la France, nous nous en chargerons. Nous suivrons les Juifs pas à pas et nous signalerons tous leurs *méfaits* à la vindicte publique. Nous éclairerons le peuple et nous lui montrerons que c'est le Juif qui a *préparé* cette *misère* dont souffrent tous les Français.

Notre voix ne restera pas sans écho, car au mot de patriotisme, tous les Français savent se rallier, surtout lorsque la patrie est en danger. A tous les faits avancés par nous, les Juifs ne *répondront* pas, parce qu'ils savent que nous resterons toujours *au-dessous* de la vérité.

Si, dans cette lutte que nous engageons, nous succombions victimes de la *trahison* des Juifs (on peut s'attendre à tout de la part de ces gens-là), nous laisserions derrière nous des Français qui, poussés par leur amour pour leur pays, continueraient cette *campagne* dont le résultat sera à bref délai le *départ des Juifs* et le relèvement de la France.

FIN

TABLE DES MATIÈRES

Préface... VII
   I. L'Arabe et le Juif avant la conquête............. 1
  II. Pendant et après la conquête...................... 18
 III. Enrôlement volontaire.............................. 32
 IV. De la colonisation................................. 41
    § 1. Domaine de l'Etat............................... 45
    § 2. Des différents modes d'aliénation des biens domaniaux. — Des concessions................... 52
    § 3. De la propriété privée individuelle.............. 70
    § 4. Des transactions immobilières.................. 80
    § 5. De la propriété indigène....................... 88
  V. L'Arabe exploité par le Juif....................... 128
 VI. L'extension de la race juive....................... 139
VII. L'Algérie pendant la guerre contre l'Allemagne. 150
VIII. Naturalisation du Juif indigène.................... 156
 IX. Insurrection des Arabes.......................... 172

X. La victoire du Juif.	181
XI. A l'œuvre.	190
XII. Premières conséquences.	204
XIII. L'Algérie est juive!	215
XIV. Patriotisme du Juif.	230
XV. En France et en Algérie.	243
XVI. L'Arabe aime la France!	255
XVII. Le commerce pour les Juifs.	274
XVIII. Sans les Juifs.	287
XIX. Tunisie.	300
Conclusion.	311

IMPRIMERIE ÉMILE COLIN, A SAINT-GERMAIN

www.ingramcontent.com/pod-product-compliance
Lightning Source LLC
Chambersburg PA
CBHW060509170426
43199CB00011B/1378